BOOKLET SERIES

越 境
ブックレットシリーズ

第 0 巻

教育の理念を象る

教育の知識論序説

田中 智志

東信堂

刊行によせて——越境ブックレットシリーズの考え方

グローバル化と知識社会の変容の中で「知識とはなにか」「だれにとっての知識か」が世界的に問い直されている。このブックレットシリーズでは、グローバルな視点から知識とその伝達過程を問うことを目指している。我々は、知識を、学校教育で教えられるような教科書的なものとしてではなく、より広い社会生活の中で、人々が物事を判断し、行動していくために選び取られ、意味づけされていくものとして捉えている。従って、本シリーズで取り上げる「知識」は、単なる情報とは異なり、それぞれの人々の価値判断によって選択され、再構成されたもの、とみなしている。

こうした理解に立つと、中立的で普遍的な知識というものは存在せず、必ずそれを構成した人（人々）の価値判断と目的があり、その「誰が」「何のために」知識を組み合わせて提示しているのか、という問題は、極めて重要であることが分かる。同時に、情報を選び取って自分なりに意味を持つ知識の体系にしていくことは、我々が何かを考え、意見や意思を形成するための最も本質的な営みだと言える。このような視点から知識や学習というものを捉え直すことで、本シリーズでは、現代社会の様々な課題の本質を照らし出そうとしている。

「越境」という言葉に込められているのは、一つには学問の垣根を越えること、もう一つは国の枠を超えて、自由、公正、人権、平和といった、人間にとっての普遍的価値や理念を再構築する、グローバルな知のアリーナを提示することである。

執筆陣の多くは研究者であるが、知識が形成される場や状況、そしてそれが人々の生活や社会の中で活用されるかたちも多様であることから、教育学、社会学、人類学、女性学など様々な学問分野を背景にしつつもそれらの枠を超え、世界の様々な事例を用いて議論を展開する。グローバル社会では、知識も必ずしも土地に縛られず、インターネットなどのバーチャルな空間で行われる知識形成や国境を超えた人や知識の移動が一般的になってきている。そこで、このシリーズでも、こうした流動性や価値の多様化を考慮し、キャリアパスの多様性、伝統知と学校知、女性、災害、紛争、環境と消費、メディア、移民、ディスタンスラーニング、子どもの貧困、市民性など、従来は知識の問題として議論されてこなかったテーマも含めて取り上げていきたい。

本来、社会科学とは、社会で起きている現象を理解するために発生した諸学問であったはずだが、現代では、学問分野が専門化、細分化し、現実社会で起きる出来事を諸学の中で包括的に捉えることができないという逆説的状況も生まれている。そこで、本シリーズでは、各専門分野での研究の精緻さはいったん横に措き、社会で何が起きているのか、そして、そうした出来事をもたらした人々は、どのような価値観に基づいて行動したのか、そこで生成され、共有された知識とは何だったのかを論じる。それによって、本当の意味で知識を獲得すること、そしてそれを学問として行うことの意味を読者とともに考えていきたい。新たな知識論の冒険へ、ともに歩もう。

シリーズ編者　山田肖子
天童睦子

はしがき

『グリム童話』に採録されているドイツの民話「白雪姫」（*Schneewittchen*）に、魔法の鏡が登場する。それは、白雪姫の継母である王妃がもちこんだ不思議な鏡で、王妃の問いかけに対し、かならず真実を答えた。「世界でいちばん美しい人はだれ？」「それは、王妃、あなたです」と。

この民話は、さまざまな含意をもつが、人が真実を求めていることも、その一つだろう。うそや虚偽のない、本当のことへの希求は、人に固有本来の営みといえるだろう。さかのぼれば、使徒パウロは、「コリントの信徒への手紙Ⅱ」の第3章において、「私たちのだれもが、顔の覆いを取られ、鏡のように、主の栄光を映しだし、すなわち［主の］灯りから［人の］灯りへ、主と同じかたち（eikon）へと、その姿を変えるだろう」と述べている。ヨーロッパのキリスト教思想のなかで、この「鏡」は、アウグスティヌス、トマス・アクィナスへと引き継がれ、さらにスピノザのエティカ論、ライプニッツのモナド論にも見いだされる。ライプニッツのいう「モナド」は、だれにも惑わされずに、おのずから世界を知る「鏡」である。

こうした「鏡」は、むろん隠喩であるが、見えないが大切な「真実」（aletheia）を映しだすものをさしている。この「真実」は、「誤り」（wrong）に対立する「正しい」（right）ではない。それは、哲学・思想において、〈見えないもの〉のままにさまざまに象られてきた。中世の哲学（スコラ学）において「知識」（scientia）は、しばしばこの「鏡」とともに「真実」に向かう言葉であった。

しかし、近代以降、この「鏡」は、忘れられていった。現代では、あの「知識」の場所に、いわゆる「情報」(information)が位置している(ちなみに、明治期の「情報」は「事情の報せ」ほどの意味であった)。「情報」は、たんに事実とおぼしき表象である。それは、「真実」に向かう必要などない。それは、およそ問題解決に有用であればよい。客観性も、それが有用であるかぎりで有価値である。しかも、その有用性も、期間限定のそれである。早晩、それは無用になる。無用の情報は、飽きられ、捨てられる。

こうした、知識が情報化・有用化されるなかで、かつて語られた「真実」は、前時代の遺物か、老境の好事になりつつあるかに見える。学問の世界でも、それは、形而上学的、宗教的な妄想になりつつあるかに見える。教育も例外ではない。教育はすでに、有用性を尺度として測定される対象、いわばモノと化しているように見える。たとえば、学習評価尺度の「ルーブリック」(Rubric) が精緻化されるなかで、現代の教育の多くは、生動的な活動としてではなく、目的合理的な操作として、象られている。

しかし、教育という営みが、人が〈よりよく生きようとする〉事実を前提としているかぎり、教育学は、その事実を語ろうとするだろう。むろん、その事実は、かつての「真実」のように〈見えないもの〉であろうが、そうだからこそ、語ろうと試みられるだろう。その試行を支えているのは、根拠ではなく、希望である。根拠を超えてもちつづけられるのぞみが、希望であるとすれば。本書も、そうした試みの一つといえるだろう。

人が〈よりよく生きようとする〉ことは、何らかの価値判断を行うことである。たとえば、よりよい知識を創り選ぶことである。そうしたよりよい知識に向かう試みを、私たちは「越境」と呼んでいる。それが、さまざまな文化・社会の違いを深いところで「越える」ことだからである。

この「越境」に向かう本ブックレット・シリーズは、よりよいという価値判断はいかになされるのか、と問う。

少なくとも私にとっては、この価値判断、すなわち〈よりよく生きようとする〉ことは、「ともに在る」と呼ばれる、多様な文化・社会の違いを超える普遍性に彩られている。私たちの価値判断が普遍性を帯びるためには、この「ともに在る」ことを実感する必要があるだろう。ようするに、教育、〈よりよく生きようとする〉ことを問い、「ともに在る」ことの大切さを示すことが、本書の目的である。

田中智志

目次／越境ブックレットシリーズ 0
教育の理念を象る――教育の知識論序説

越境ブックレットシリーズ　0

教育の理念を象る——教育の知識論序説

序論　自己創出への支援

Introduction Education as Supporting Autopoiesis

1　教育の理念を象るために

いくつかの教育の定義

「教育」という言葉は、何を意味しているのか。教育学関係の事典を引けば、さまざまな「教育」の定義が記されているが、ここでは、すこしさかのぼり、一九七〇年代あたりの教育学における「教育」の定義を紹介しよう。

そのころ、たとえば、ドイツの教育学者、ボルノウ(Bollnow, Otto F. 1903-91)は、教育は「自力で自分の生活を行なう能力を、成長する者たちに伝える[うえで]必要な措置すべて」であり、めざすところは「成熟と成人」であると述べている(ボルノー 1973: 14)。また、ほぼ同時代を生きたオランダの教育学者、ランゲフェルド(Langeveld, Martin J. 1905-89)は、教育は、人を「頑是ない幼児から『成熟した人間』へと形成していくこと」であり、「人間が……『人間性』のなんたるかを自覚し、自己の内面と自己の生きる世界においてそれを主体的・創造的に実現していくことのできる被造物へと育成すること」であると述べている(ランゲフェルド 1974: 18)。

同時代の日本の教育学者にも眼を向けてみよう。たとえば、教育学者の細谷恒夫(1904-70)は、教育は「人が将来よりよい行為をすることができるように、という意図をもって、その人にはたらきかけること」である、と述べている(細谷 1962: 37)。また、同じく教育学者の勝田守一(1908-69)は、「よりよい」をもうすこし明確に規定し、教育とは「人間の全面的成長という……価値の実現に向かって子どもの学習」を方向づけること、と述べている(勝田 1970: 83)。そして、太田堯《たかし》は、一九七〇年代後半の講義で「人間の教育は……一人ひとりの子どものユニークな選ぶ力をきたえる、その発達を助けるということになる」のではないか、と述べ、その目的は「知識や技術を教えること」によって、子どもが「ますます興味を深め、課題を自ら発見し、分別して生きぬく力を育てること」である、と述べている(太田 1983: 168)。

しかし、こうした少し前の教育学がいう「教育」の定義は、こう述べただけでは、ほとんどわからないにひとしい、というべきだろう。「成熟(成人)」とは何か。「人間性」とは何か。「被造物」とは何か。「全面的成長」とは何か。「選ぶ力」とは何か。これらの言葉の意味を、各論者の思想を文脈として踏まえつつ、子細に確認しなければ、これらの「教育」の定義が意味することは、定められない。たとえば、「人間性」は他者の他者性を覆い隠していないか、「全面的成長」は重複障害児を包摂しているか、「選ぶ力」は個人の自律性を宣揚することになっていないか、と。

もっとも、私がここで試みることは、そうした地道な確認の作業ではなく、私なりの「教育」の措定(定義というよりも)を敷衍することである。私は、教育を「自己創出への支援」ととらえている。「自己創出」は、「自己」を創出することではなく、おのずから創りだされることである。この言葉自体は、もともと「オートポイエーシス」(Autopoiesis)という、社会システム論で有名なドイツの社会学者、ルーマン(Luhmann, Niklas 1927-98)が用いた術語の翻訳である。「支援」は、かなり広い意味で支え助けることを意味する。

しかし、こう述べただけでは、やはり何のことなのか、わからないというべきだろう。まずは、前提とすべき現実を一つ、確認しよう。教育システムの教育機能を担う場（サブシステム）としての「学校」である。「教育」といえば、学校で行われる営みである、と考えられている。その学校で行われていることの中心は「授業」である。つまり、教育の中心は、ほとんどの人が経験してきた、あの「授業」である。

〈見えないもの〉を象るために

「教育」という言葉は、現代社会においては、学校としっかり結びついている。「教育」といえば、学校で行われる営みである、と考えられている。その学校で行われていることの中心は「授業」である。つまり、教育の中心は、ほとんどの人が経験してきた、あの「授業」である。

この「授業」は、教科書にもとづいて行われるが、教科書に書かれている知識は、表象的・事実的であり、個々の子どもが生活のなかで学ぶ「生活の知恵」「生きる意味」ではない。子どもたちは、人・もの・言葉と出会い、小さな問題解決の方法をしだいに学んでいく。自分、他者が生きていることそれ自体も、あれこれととまどいながら、学んでいく。そうした生活のなかの学びは、教科書の知識を学ぶうえで、前提になっている。

教科書は、私たち一人ひとりの現実についての記述ではなく、一般的・客観的な事実についての記述である。したがって、「人間性」「人格」といった価値についても、事実として語られる。「教師は、揶揄されても、人としての生き方を語る勇気をもつべきだ」と言われるが、教科書は、そうした生き方や生の理念を語らない。たとえば、フランス革命において標榜された「自由・平等・博愛」(Liberté/Egalité/Fraternité) という「人間性」(humanité) の理念も、あくまで事実として語られるだけだろう。

一人ひとりの教師の想い・活動はともかく、学校の教育の中心は、「人の教育」ではなく、「知識の教育」であるように見える。いいかえれば、何らかの生の理念を語り示す教育ではなく、（消費期限付きの）情報・技能を伝達する教育である。そうした情況のなかで、敢えて試みたいことが、「知識の教育」の前提としての「人の教育」

を語ることである。ここでいう「人の教育」は、人間中心主義に帰着するヒューマニズムとかかわりをもたない。それは、人だけでなく、すべてのいのちへの「気遣い」（顧慮）を旨とする営みである。端的にいえば、「人の教育」は、反時代的であり〈見えないもの〉に向かう。

先に引いたランゲフェルドと親交のあった教育学者、和田修二は、一九九五年に『教育する勇気』で、「変わらぬもの、基礎的なものの再確認と、そこからの発想が不可欠」であると述べ、ハイデガーのいう「存在」、そして人の「原罪」と「本能」は、そうした再確認されるべきことである、と論じている。和田にとって、「存在」は、たんなる実在ではなく、人が心で聴き従う声の源泉であり、「原罪」は、人間の愚劣さであり、不断の「悔い改め」の契機であり、「本能」は、たんなる衝迫ではなく、「生きようとする意志」である。和田は、人が人を「教育する勇気」は、人が「……新たに生まれ出ずる者、唯一無二の独自な人格でありながらまだ頼りない者のために進んで献身することが、人生の、したがって存在の究極の意味であることを直覚することから生まれる」と述べている（和田 1995: 3, 276, 284）。この「存在」は、本書であらためて確認される、反時代的な〈見えないもの〉である。

おのずからの思考

この「存在」（という〈見えないもの〉）を語るために、私が設定する概念が、先にふれた「自己創出」すなわち「オートポイエーシス」である。この言葉は、ルーマンが用いたことで日本で知られるようになったが、もともとは、一九八四年にマトゥラーナ（Maturana, Humberto）とバレーラ（Varela, Francisco）が『知恵の樹』という本で用いた言葉である（Maturana/Varela 1984）。「自己」（オート）は、ラテン語でいえば「エゴ」ではなく「アウトマトゥス」、すなわち「私が」ではなく「おのずから」を意味する。

くわえて、私は、ルーマンの原義を越えて、この「自己創出」を「メタノイア」というニュアンスを込めて用いるだろう。「メタノイア」は、キリスト教思想において、およそ「悔い改め」と訳されてきた、古いギリシア語である（ラテン語訳はpaenitentia）。一例を挙げれば、それは、イグナチオ・デ・ロヨラ（Ignacio de Loyola 1491-1556）によって開始された、イエズス会の「霊操」（Exercitia spiritualia）であり、「霊性」（spiritus）を活発に「はたらかせる」（exercere）ことである。しかし、「メタノイア」は、本来「超えて（メタ）―考える（ノオー）」ことを意味する。以下、私がこの言葉を用いるとき、それは、キリスト教思想の意味づけをふくんでいない。

私が重視していることは、キリスト者でなければわからない「霊性」それ自体ではなく、そう形容される、何かを「はたらかせる」力、すなわち「おのずから」（自然《じねん》性）である。私たちは、ふだん「思考する」といえば、「私」のなかにある意志し意図する「自己」がするもの、と考えがちであるが、何も考えないことがじつに難しいように、「思考する」ことは、「自己」が意図して行う営みというよりも、「おのずから」始まる営みである。この「おのずから」の思考は、およそとりとめもないが、ときに思いもよらないことを「私」に告げたり教えたりする。さしあたり、それを「無意識」「欲動」の為せるわざとは考えず、「おのずから」と形容するにとどめる。

そうすると、「思考」は、かならず何か・だれかについての――「自己」のではなく――おのずからの思考である。この思考概念によって、私たちは、現代哲学の一つの到達点を前提にできる。すなわち、レヴィナス（Lévinas, Emmanuel 1906-95）が「顔」（visage）という言葉で暗示した「他者へ」というおのずからのベクトルの地歩（立脚点）を前提にできる。人間は一人ひとり個人としての「私」だから「自己」であるという、あの通念の「自己」を前提にするかぎり、「他者」は対象化され、もう一つの「自己」として孤立化されるが、このおのずからの思考を前提にするなら、「他者」は主体化され、「私」とともに在る「あなた」として共存在化されるだろう。そして、「知る」ことが、おのずからかつ他者とともに「知る」ことになるだろう。

2 教育の知識論の基礎

「知るを知る」こと

本シリーズの方法論的な主題である「知識論」（theory of knowledge）は、この「知る」（knowing）についての理論である。ラテン語でいえば、scire（スキーレ／シーレ 知っている・通じている）ではなく、cognoscere（コグノスケーレ／コニョシェレ 知る）である。フランス語でいえば、savoir（サヴォアール 知っている）というよりも、connaître（コネトゥ 知る）である。命題としての「知っている」ではなく、活動としての「知る」である。また「知識論」は、「認識論」（Erkenntnistheorie）ともいえるが、認識論が、おもに事実／幻想の区別を論じているのに対し、ここでいう知識論は、「知る」を「知る」ことを主題としている。したがって、長く前提にされてきた、古代ギリシア哲学の「エピステーメ」（episteme みんなの知識）と「ドクサ」（doxa 私の信念）という区別は、さしあたり棚上げされる。

「知るを知る」ことは、アウグスティヌスにおいて、「知性」（intellectus インテレクトゥス）と「理性」（ratio ラティオ）の区別、この区別に対応する「知恵」（sapientia サピエンティア）と「知識」（scientia スキエンティア）の区別のもとで、おそらく最初に明示的に語られた、といえるだろう（もっとも、プラトン、アリストテレスにも、似たような区別がある）。稲垣良典が端的にまとめているように、アウグスティヌスにおいては、時間を超えるもの（神的なもの）を知ることが「知性的」に知ることであり、「観想」（contemplatio コンテンプラティオ）と呼ばれる営みである。これに対し、時間のうちにあるもの（現世のもの）を知ることが「理性的」に知ることであり、「遂行」（actio アクティオ）と呼ばれる営みである(A, T: 12. 15. 25; 稲垣 2002: 1020)。アウグスティヌスにおいては、「知性的」に時間を越えたものを知ることが、人がめざすべき「知る」である。それは、終わりなき活動である。

私の理解するところでは、知識論のおもな問いは、アリストテレスのいう「人は生来、知ることを欲する」という活動的事実を踏まえつつも、〈人は何を知性的に知るべきか〉とより積極的に問うことである。すなわち、人が〈よりよく生きようとする〉うえで知るとはどういうことか、と考えることである。この問いは、これこれという唯一の答えのある問いではなく、「ほんとうにそうか」と終わりなく問い質され、繰りかえし考えられる問いである。この不断無窮の積極的思考を遂行するために、そもそも〈「知るを知る」とはどういう営みなのか〉、私なりの考え方を示しておくべきだろう。

自己創出としての「知る」――「人の自然」

まず確認するなら、こうした知識論の問いは、いわゆる「知識」によっては答えられない。いわゆる知識が、およそ「AはBである」といった「表象命題」だからである。いわゆる知識においては、「知る」の対象が「知る」の主体から区別されているから、それは「命題」として「再び(re)・現す(present)」ことができる。しかし、「知る」の対象が「知る」の主体と同一である場合、それは、部分的にしか「表象」できない。「知る」ことの対象としての「知る」は、推移し変容する活動的な営みであり、客観的・外在的な事物のように、そこに静止しているモノではないから。

しかし、自分の「知る」ことが活動的な営為であり、とらえがたいとしても、その重要な特徴を「知る」ことは、できるだろう。それは、人の「知る」ことの類同性である。私たちは、独りで「知る」が、ともに「知る」ということ、すなわち〈独りでともに知る〉ことである。「私」の言葉と「あなた」の言葉が、こまかな意味において一致しなくても、およその意味が重なりあうことである。誤解・齟齬などは頻繁に生じるが、「知る」という活動が、およそ〈似かよう〉ということである。自・他の「知る」ことが重なる「蓋然性」(probability)――「確実性」(certainty/Gewißheit)ではなく――は、かなり高い(「確実性」の度合いが「蓋然性」である)。

自・他の「知る」の〈似かよい〉は、「知っている」ものの同一性から区別される。「知っている」ものの同一性は、たとえば、私が指でさし、「あの本」と言い、あなたが目を向け、「ああ、あの本」と応えるときの、つまり会話の成立要件としての、意味の同一性である。「知っている」ものの意味の同一性は、「知る」という活動の〈似かよい〉ではない。「知る」という活動の〈似かよい〉は、私たちが意識も意図もせず「知る」こと、危険を冒してでも「知ろうとする」ことである。「知る」こと、すなわち試み験すという意味の「経験」(experientia)や、外に向かうという意味の「実存」(existentia)に通じるそれが、私たちの、おのずから然ることとしての、つまり「人の自然」(natura humana)としての、〈似かよい〉である。

私はここで、おのずから然ることとしての「人の自然」を「知る」ことのもっとも重要な特徴と位置づけ、同時に「自己創出」と見なす。ようするに、「知るを知る」ことを支えている基礎的な営みは、私たち一人ひとりのおのずから然ること、端的にいえば、自由であることであると。

隠される自己創出と反省的思考

私たちの自己創出という生の基礎的な営みは、およそ隠される運命にある。なぜなら、私たちの自己創出が文化・歴史のなかで多様に構成された言葉によって語られるからである。私たち一人ひとりの経験・実存が、何らかの文化・歴史に依存するさまざまな「相互活動」(interaction)ないし「コミュニケーション」のシステムにたえまなく巻き込まれているからである。

人びとが感じてきた人の類同性（たとえば「人間性」と呼ばれたもの）は、言葉で表現されるが、その言葉は、どのようにある種の類同性が語られたのか、その成り立ちを語ってくれないので、その言葉を使う人によってさまざまに意味づけられていく。その意味づけは、さまざまな文化・社会の「慣習・制度」と化し、「知る」ことの本態である自己創出というはたらきを隠蔽することになる。

しかし、私たちにできることは、こうした使い勝手のわるい言葉をやむなく使いつつ、私たちの「知る」こと、つまり経験・実存の本態である自己創出をみずから記述することだろう。それは、ほとんど見通しが立たないままに、延々と繰りかえされるほかない営為である。そうした営為、すなわち思考は、怯えやうろたえを避け、確実性を得るためのそれでもあれば、確実性への誘惑に抗い、生き生きとした生に向かうためのそれでもある。

文脈を象りつつ思考し、超越しともに在る

思考は、一方で、「私」が編み込まれている文脈に支えられている。その文脈は、「私」の生育史についての記憶や、「私」の学んだ知識の記憶など、ぼんやりとであれ、はっきりとであれ、「私」の知っていることから構成される。そうした文脈に収まらない何かは、「何か」ですらない。それは「何でもない」。文脈に乗りながらも、収まりきらない何かが、「とは何か」と問われる。その表象の問いに答えるために、「私」は、文脈を拡大したり改変したりする。その新しい文脈にその何かが収まるとき、その何かは名づけられ、意味づけられる。そして「わかった」（「知った」）と思う。

思考は、他方で、社会的規模の文脈である相互活動のシステムを踏まえつつも、それを超越し他者とともに在

ることに向かう。思考は、自分の考え方や自分がなじんでいる相互活動のシステム（たとえば、日本の習俗・文化）を超えて、他者の考え方や他者がなじんでいる相互活動のシステム（たとえば、フランスの習俗・文化）に参入することである。この他なるものへの参入は、自己創出としての「知る」ことの一端であり、その手段は、「自己」を表現する語学力や「自己」を押し通す交渉力かもしれないが、その基礎は、「私」と「あなた」がともに在ること（「共存在」[Mitsein]）である。

教育に引きつけていえば、このともに在ることは、教師の「私」と子どもの「あなた」が教えたり学んだりできる場に、教師の「私」のほうから移転することとして現象する。それは、「私」が「あなた」について推論しつつも、「あなた」に出会い、驚き、「あなた」と歓び、悲しむこと、つまり「私」と「あなた」が「呼応」することである。それは、ウィーン生まれの宗教哲学者、ブーバー（Buber, Martin 1878-1955）が、「われ―それ」（Ich - Es）の関係から区別し、「われ―なんじ」（Ich - Du）の関係と呼ぶものである。

ともに在ることは、こうした呼応の根底にあるもので、人の「感受性」（sensibilitas）の広がり、すなわち「私」と「あなた」が自然に気遣いあうことである。つまり、自己創出は、おのずから「知る」という活動として現象するが、その本態は、他者を無条件に受け容れるという感受性に支えられた、おのずからの「自己」からの超越であり他者との共存在である。この自己創出に基礎づけられるとき、「私」は「あなた」の具体的情況における倫理的問いに対し、「私」なりに答えることができる。この自己創出が「自己」の欲望、他者の物象化、歪んだ生育環境などによって忘れられるとき、人は、ありもしない権威や威厳をまといながら「それは正しい」「それは誤っている」と、人に指図したり人を論難したりする。

「私」と「自己」の違い

感受性が超える「自己」(self)は、人が意図し思惑する主体であること、人間が一人ひとり孤立した「私」であることを前提にしている。この「自己」は、「私」のなかで、「私」が、事後的に、すなわち意図し思惑したあとで、そうした営みの原因として、象られたもの(形象)である。この「自己」はまた、その営みの結果に、たやすく左右されてしまう。自分のしたことがうまくいけば、自信をもち、しばしば増長し肥大するが、それがうまくいかなければ、落胆し消沈し、ときに抑鬱状態におちいったりする。

ここで、言葉の混乱を避けるために、二つの「自己」を区別しよう。先にふれたレヴィナスによる「モア」(moi)と「ソア」(soi)の区別に従えば、モアの根底にソアがある。モアは「私」ないし「自分」であるが、およそ「自我」と訳されてきた。ソアは、そのモアを基礎づけるもので、「自己」と訳されてきた。このソアとしての「自己」は、それが「万物の存在根拠」に通じるものであるかぎり、大いに肯定的に語られる(Lévinas, TI: 34)。

しかし、ここで私が用いる「自己」は、レヴィナスに見られるようなキリスト教に傾斜したソアの「自己」ではなく、「自己責任」「自己中心」「自己本位」といわれるときの「自己」(エゴ)である。これに対し、「私」ないし「自分」は、自分の名前すらも忘れてしまっても、「私がだれなのかわからない」といえるような根底的な「私」である(もっとも、原始キリスト教思想においては、レヴィナスのいう「自己」は、「エゴ」とは表現されていない。たとえば、パウロが「私のなかにキリストが生きている」というときの「私」は、「エゴー」(ego)であり、それは、レヴィナスのいうモアとしての「自我」であり、またパウロがいう内なる「キリスト」が、ソアとしての「自己」である)。

現代社会において、「自己中心」「自己本位」は、あからさまには肯定されていない(が、前提にされている)。かわりに「自己責任」「自己充足」「自己決定」が、あきらかに宣揚されている。文部科学省の説く「主体的な学び」も、この「自己」の宣揚である。つまり、主体としての「自己」が強く求められている。「個人」(individual)として独り生きることが、いつのまにか、にこやかに微笑みながらも寄る辺なきまま、孤立的に「自己」として生きることに、矮小化されている。感受性によって独りのまま世界・他者とつながることが、看過されている。それは、自分をとりまく世界・他者へのかかわりが、「利用」「活用」の関係に頽落することである。「使える／使えない」が、もの・他者に対する主要な態度になることである。

ちなみに、そうした「自己」宣揚のなかで、落ち込み、意気消沈し、鬱っぽくなると、「レジリエンス」(resilience)といわれる、回復力・復元力・弾力性の大切さが説かれる。この概念を説くことにどれほどの意味があるのだろうか。「レジリエンス」なるものが説かれれば説かれるほど、人は、無理にがんばろうとし、擦り切れ、グダグダになってしまうのではないか。そもそも「自己」は、本来的に脆く過敏な形象である。他人のまなざしのような言動に簡単に傷つけられてしまう。それをそれ自体で強くすることなど、不可能ではないのか。「自己」は、それ自体を強くするのではなく、世界・他者とのつながりによって支えられるべきではないのか。

伝達ではなく感受性（交感）という基礎

この「自己」を前提にしたまま放置すれば、コミュニケーションは、たんなる説得ゲームにひとしいものになってしまう。語ることは、自分のメッセージを相手にわからせること、そのための手練手管、技法技術になってしまう。「コミュニケーション・スキル」なる言葉は、この言葉の手段化を示している。むろん、言葉の手段化は、古代ギリシアの昔からあり、「レトリケー」(thetorike)と呼ばれた。しかし、レトリケーは、「真実」を伝えるための方法であり、他人を丸め込み利用し活用するための技法ではない。

教育言説においては、それぞれ別個であるとされる、自分の「自己」と他人の「自己」が行うコミュニケーションの機能が、「伝達」(transmission)と形容されてきた。それは、ある人から他の人にメッセージが伝わることである。この「伝達」は、発信器と受信機のあいだで生じる現象であるが、「私」と「あなた」は、発信器と受信機ではない。したがって、「伝達」は、たんなる比喩である。ドイツ語で「伝達」と訳される「ユーバーミットルング」(Übermittlung)からはあまり感じられないが、「知らせ」を意味する「ミットタイルング」(Mitteilung)は、もともと「ともに分けあうこと」を意味する。コミュニケーションの本来の機能は、こちらである。もしも、コミュニケーションの原義が「コミュニオン」(分かちあい)であるなら。

「伝達」という比喩表現が写実表現のように見えるのは、「私」と「あなた」がともに属する感受性が「自己」によって隠されているからである。「自己」は、感受性の広がりを隠し、「私」と「あなた」を孤立させるような伏在的機能を果たしている。しかし、「私」は、「自己」を超えて、他者と「交感」(sympathia 感受し響きあうこと)している。いくつか条件がととのえば、他者の痛み・傷みを自分のそれのように自然に感じることができる。この「交感」は、「利害関心なし」(indifferene)であろうとも、やはり「自己」が前提にされているだろう「共感」(sympathy)から区別されるし、どこか上から目線が感じられる「同情」(compassion)からも区別される。

こうした、「私」と「あなた」が「交感」することは、教育システムの求める教育の基礎ではないだろうが、およそ現実の教育の基礎である。さしあたり、このような基礎、つまるところ人の生の基礎を語ることを「存在論」(ontologia)と呼んでおきたい。アナクロニズムといわれるかもしれないが。人が「存在する＝生存する」こと(オン[einai の分詞形 on])を「語る・象る」こと(ロゴス[lego の名詞形 logos])という意味で。つまり、生の象り論という意味で。この「存在論」については、結論であらためて論じる。

ともあれ、まとめておけば、知ることは、知識獲得や知識所有ではなく、それらを可能にする、おのずから然る思考であり「人の自然」である。それは、自己創出の端的な現れである。自己創出は、「自己」が「自己」を作りだすことではなく、それを可能にする、おのずから「自己」を超えて他者とともに在ることである。ともに在ることは、相互活動としての協同や協働ではなく、それらを可能にする、交感であり感受性である。

存在論的な試みとしての推断

本書の方法について、簡単にふれておこう。

端的にいえば、この存在論的な試みは、「推断」(憶測)を必要とする。語りえないこと・語りがたいことを語るためには、推し量りにすぎないが、思い切って断じるという意味の、推断が必要である。それが行為の歴史的事実について行われるなら、たんなる「作り話」であるが、思想の前提的事実について行われることは、「措定」として許されているだろう。この存在論のための推断は、すべての人に同意を求めたりしない。一七八六年のカント(Kant, Immanuel 1724-1804)の言葉を引けば、「推断(Mutmaßung)は、さしあたり理性に支えられた想像力に許された活動であり、心を健やかにし晴れやかにするためのそれである。けっしてきまじめな課業遂行ではない」(KW 12, MAM: 85)。

カントは、「推断」を行う理由を、「心を健やかにし晴れやかにする」ことに見いだしたが、私は、その理由を、もうすこしもっともらしく表現し、「思考の自由」に見いだす。この思考の自由は、何でも思いつくままにではなく、思考を通念から離し存在論的に傾ける自由である。「思想」が過去の思考・言動のふりかえりであるかぎり、それは、つねに〈よりよく生きようとする〉力に彩られている。その力が通念としての意味・価値を超えて展開されることが、ここでいう思考の自由であり存在論的な試みである。

概念を思想として問うことは、その文脈とともにそれを意味・命題として陳列することではない。そうすることは、「……とは何か」という概念の問いを、その事実的意味への問い、すなわちその客観性・一般性を前後の影響関係や著者の思想展開を踏まえつつ記述することに還元することである。思想的に「……とは何か」という問いは、その現実的含意への問い、すなわち私たちにとってそれはどのように大切であるか、と問うことである。いわゆる「過去の過去性」に留意しつつも、私たちの生きる現実と、それと無縁に語られた過去の概念が切り結ぶ意志が、この問いの駆動力である。

なお、本書のもくろみの一つは、デューイ（Dewey, John 1859-1952）の自然論をカントの批判論のずらしと見なし、そのずらしに似た試みを、ハイデガー（Heidegger, Martin 1889-1976）のカントの批判論解釈のなかに見いだすことである。簡単にいえば、カントの批判論を吟味することによって、水と油のように考えられてきたデューイの思想（自然論）とハイデガーの思想（存在論）をつなぐことである（このもくろみは、基本的に本書全体の方向を定めているが、私は本書で、その解釈的妥当性を論じるために必要な哲学研究的論証を十分に行っていない、というか、やろうとしていない）。

ともあれ、以下において、教育学の主要な概念である（であった？）「人格」「陶冶」「経験」「知性」「超越」について、存在論的にとらえなおしてみよう。表象としての「知識」ではなく、自己創出としての「知る」に向かいつつ。

1 何が「人格」と呼ばれるのか——ペルソナの歓び

Chapter 1 What is called "Person"?: Joyfulness of Persona

〈概要〉 本章は、いわゆる「人格」の意味を開かれた豊かなものにずらす試みである。そうするために、まず、「人格」と「人間性」の違いを確かめ、日本の教育学において「人格」が「パーソナリティ」の訳語として導入されたことを確認する。つづいて、この「パーソナリティ」の語源であるラテン語の「ペルソナ」の思想的意味を、その語源であるギリシア語の「プネウマ」の意味を参照しつつ、確かめ、いささか大胆な解釈ないしずらしを試みる。最後に、そこで浮かびあがる人の存在様態（在りよう）、すなわち生の喜びに通じる交感・共鳴共振が、詩的な思考に見いだされることを、谷川俊太郎の詩論にふれながら、語る。

1 「人格」と「人間性」

何が「人格」と呼ばれるのか

日本の教育界でかつてよく使われた「人格の完成」、また同じような「人格の形成」という言葉は、日本文化になじみがあるようで、よく考えてみれば、ほとんどなじみのない言葉である。というのも、「人格」は、英語のpersonality（パーソナリティ）、ドイツ語のPersönlichkeit（ペルゼンリッヒカイト）の翻訳であり、「完成」は、英語のperfection（パーフェクション）、ドイツ語のVollkommenheit（フォルコメンハイト）の翻訳であり、どちらの言葉も、古来のキリスト教思想を文脈として前提にしなければ、理解不可能だからである（ちなみに、教育基本法（一九四七年制定）の第一条「人格の完成」の英語表記は、full development of personalityであり、「完成」がfull developmentであるが、これはperfectionの、おそらくはデューイふうの表現だろう）。

本章の主題は、この二つの言葉の含意を、キリスト教思想の概念として敷衍することである。それは、私たちが抱いている「人格の完成」という言葉の意味とは異なる「心の歓び」（laetitia/joyfulness）に彩られている（ちなみにlaetitiaは「豊穣・優美」も意味する）。しかも、その心の歓びは、現代日本社会と無縁のそれではなく、むしろそこで再確認されるべきものである。

おそらく、現代の日本で「人格」という言葉が意味しているのは、理性的に自律する「主体」だろう。自分で判断し、それに基づいて行動し、その行動に対して責任をとることができる人間だろう。シスターの渡辺和子（1927-2016）は、二〇一二年の『置かれた場所で咲きなさい』という著作で知られているが、長く「人格論」を講義してきた大学人でもあった。彼女は、その「人格論」の講義のなかで、六世紀の思想家ボエチウス（Boethius）の『ペルソナの二つの自然』（*De Persona et Duabus Naturis*）の言葉（persona est substantia individua rationalis naturae「ペルソナは一人ひとりの基礎であり、理性的な自然である」）を引きながら、「人格」（ペルソナ）とは「理性と自由意志を備えた個としての責任の主体」である、と述べている。また、二〇世紀のフランスの哲学者マルセル（Marcel, Gabriel）の言葉を引きながら、匿名の「ひと」（man/on）と、固有な「人格」（personne）を区別し、自律的な判断、決断ができ、責任をもつ固有な「人」（homme）

を「人格」と呼ぶ、と述べている（渡辺 2005（1988）; Marcel 1940/1968: 125）。つまり、匿名のままに付和雷同する人ではなく、固有名をもち理性的に自律する「主体」である、と。

渡辺の人格概念は、キリスト教思想（カトリシズム）に彩られているが、その子細はともかく、その大要は、キリスト教思想を知らずとも、よくわかるだろう。しかし、キリスト教思想をさかのぼり、その思想的原点からとらえなおすとき、かなり違う意味世界が、そこに開かれるだろう。本章でめざすところは、このかなり違う「人格」の意味世界を示すことである。

「人格」と「人間性」

まず確かめるなら、「人格」と訳される「パーソン」は、「人間性」と訳される「ヒューマニティ」とどう違うのか。語源を確かめると、「パーソン」は――フランス語の「ペルソン」（personne）、ドイツ語の「ペルゾーン」（person）も――ギリシア語の「プネウマ」（puneuma）の翻訳であるラテン語の「ペルソナ」（persona）に由来する。「プネウマ」は、「息吹・響き・生気・いのち」などを意味し、「ペルソナ」は、「仮面・役柄・人物・位格」などを意味する。「ペルソナ」も「プネウマ」も、キリスト教思想のなかで、「神」に準拠（由来）するものとして、特異に意味づけられてきた。

これに対し、「ヒューマニティ」は、ラテン語で「大地・土壌（腐葉土）」を意味する「フムス」（humus）を語源としつつも「人（の）」を意味する「フーマーヌス」（humanus）に由来する。一二世紀あたりにこの「フーマーヌス」から「人の」を意味するフランス語の「ユメイン」（humain）が生まれ、一五世紀あたりに「人間性・人類」を意味する「ユマニテ」（humanité）が生まれた。この「ユメイン」「ユマニテ」が、およそ一六～一八世紀に英語の「ヒューマン」「ヒューマニティ」（humanity）に、ドイツ語の「フーマン」（human）「フマニテート」（humanität）に翻訳されていった。これらの言葉は、「ユマニスム」(humanisme 人文主義・人間主義)を標榜したフランス啓蒙思想のもとで、自己準拠するものとして、肯定的に意味づけられた。

つまり、「人格」と「人間性」は、語源が違うだけでなく、おもに文脈となる言説がずれている、といえるだろう。ラフなうえに図式的な言い方しかできないが、「人格」は、キリスト教の「神」を表徴する、近代以前からある、他者準拠的な「人」の形象をさし示す傾向にあり、「人間性」は、キリスト教の「神」を後景に退かせた、近世近代あたりに構成された、自己準拠的な「人」の形象をさし示す傾向にある、といえるだろう。

もう一つ、「パーフェクション」(フォルコメンハイト)についても簡単にふれておけば、これは、近世における、ラテン語の perfectio(ペルフェクティオ)の翻訳である。そしてこの「ペルフェクティオ」は、ギリシア語の teleiosis(テレイオーシス)の翻訳である。「テレイオーシス」は「成熟[したもの]・達成[されたもの]」を意味する。キリスト教思想のなかでは、この言葉は、神の属性としての、とりわけ人にわかるそれとしての、「イエスの無条件の愛(アガペー/カリタス)」を意味する。

思考の自由を享受するために

つまり、キリスト教思想の歴史に即して考えれば、「人格の完成」とは、「息吹・響き・いのちとしての人が、イエスのような無条件の愛を体現すること」を意味するが、むろん、このような意味で「人格の完成」という言葉が日本の教育基本法に盛り込まれたのではない。どのような意味で、この言葉が教育基本法に組み込まれたのか、今のところ、はっきりとわかっていないように思われる。当時の文部大臣、田中耕太郎がカトリックの見地からこの言葉を選んだとされているが、その含意は、あきらかになっていないのではないか。

私がこのような概念の思想史的な点描を行った理由は、この「人格の完成」「人格の形成」といった言葉の「人格」(パーソン)を、より豊かな意味・感覚で使う可能性を広げるためである。もうすこし具体的にいえば、「人格」を、道徳規範をたんに体現する人間ではなく、ものごとの善し悪しを深く考える自由——思考の自由——を享受できる人間として、意味づけるためである。フランスの哲学者ドゥルーズ(Deleuze, Gilles 1925-95)は、「だれひとりとして裁きによって成長する者はいない」。「自由を求める闘いによってこそ、人は成長する」と述べている(Deleuze 1993: 166-7, 168/2002: 263-4, 265)。

この思考の自由、いいかえれば、答えのある問題ではなく、答えのない問いを考える自由は、勝手気ままに考えることではなく、一定の肯定的ベクトルとともに考えることである。それは、〈よりよく生きようとする〉ベクトルである。さしあたり、このベクトルの行き先を「テロス」(telos 終着点)と呼んでおこう(この「テロス」は、先にふれた「テレイオーシス」に通じる言葉である)。つまり、思考の自由は、テロスへのベクトルに方向づけられている。確かめたいことは、このテロスとはどのようなものか、である。

以下、まず、日本の教育学において「人格」が「パーソナリティ」の訳語として導入されたことを確認する(第2節)。つづいて、このパーソナリティの語源であるラテン語のペルソナの思想的意味、その語源であるギリシア語の「プネウマ」の意味を参照しつつ確かめ、いささか大胆な解釈ないしずらしを試みる(第3節)。最後に、そこで浮かびあがる人間の存在様態(在りよう)が、詩的な思考に見いだされることを、谷川俊太郎の詩論にふれながら、語ってみたい。

2　人格を支える完全性論

カントに由来する人格

さかのぼれば、「人格」という言葉は、一八九二（明治二五）年にイングランドの思想家グリーン（Green, Thomas Hill 1836-82）が用いた「パーソナリティ」に対し、井上哲次郎（1856-1944）、中島力造（1856-1918）が作りだしあてた言葉である。つまり、「人格」は、漢語ではなく、日本語である。

グリーンが用いた「パーソナリティ」は、彼がカントの Persönlichkeit に与えた訳語である。したがって、「人格」は、カントの「ペルゼンリッヒカイト」に与えられた訳語である、ということができる（グリーンが「パーソナリティ」を用いたのは、カントの『プロレゴーメナ』を思わせる、一八八三年の *Prolegomena to Ethics*（『倫理学へのプロレゴーメナ』）。グリーンは、そこで、人を「自分の完全性」に向かわせる内在性としての「永遠の意識」（eternal consiousness）を「パーソナリティ」と形容している（Green, PE: 293）。

カントのペルゼンリッヒカイト（直訳すれば「ペルソナ的なもの」）は、キリスト教的なニュアンスのつよい「道徳哲学」の概念である。カントの生きた一八世紀のヨーロッパ思想界では、「人間の完全性」（human perfection / perfection humaine / Vollkommenheit des Menschen）を論じる思想が広まっていた（Luhmann/Schorr 1988）。カントも、この「人間の完全性」論をふまえ、『実践理性批判』や『人倫の形而上学』において、Person（ペルゾーン ペルソナを体現する人）を、「道徳的完全性」（moralischen Vollkommenheit）に到達するために無限の努力を義務づけられた存在者である、と位置づけていた。ペルゼンリッヒカイトは、このペルゾーンを「道徳的完全性」にみちびく内在的審級（つまり理性・良心）である（KW 7, KpV; KW 8, MS）。

人間の完全性論においては、ユマニスムのレゾン(理性)とキリスト教思想のペルソナが重ねられつつも、ペルソナが重視されているのだろう。ハイデガーの解釈を引けば、カントは、「人の本質は、あの人間性(Menschheit)によって充分に把握されず、ペルゼンリッヒカイトによって完全化されかつ固有本来的に把握される」と考えていた。このペルゼンリッヒカイトは「自分に対し責任を負うこと」(Selbstverantwortlichkeit)、つまり固有本来の「私」にふさわしく生きること、「自己を超えていくこと」である(GA 31, VWmF: 262)。カントは、ペルゼンリッヒカイトを「人を(感性界の一部である)自分(sich selbst)を超えて高めるもの」と規定している。それは「すべての自然の機構から自由であり独立し」「理性によって贈られた純粋な実践原理に従う人の能力」であると(KW 7, KpV: 209-210)。

「人格の陶冶」と「人格の完成」

大正期の日本において、このカントのペルゼンリッヒカイトの形成を「教育」の核心として論じたドイツの教育学言説――リンデ(Linde, Ernst)、ブッデ(Budde, Gerhart)などが一九〇〇年代〜一〇年代にかけて展開した――Persönlichkeitspädagogik(ペルゼンリッヒカイトスペダゴーギク)が「人格的教育学」と訳され、教育雑誌を通じて紹介された。この「人格的教育学」がめざしたことがPersönlichkeitsbildung(ペルゼンリッヒカイトスビルドゥング)である。たとえば、教育学者の中島半次郎(1872-1926)は、一九一四年に『人格的教育学の思潮』において、この「人格的教育学」を紹介し、このPersönlichkeitsbildungを同じく「人格の陶冶」と訳している。教育学者の篠原助市(1876-1957)も、一九一八年に論文「最近の教育理想」のなかで、この「人格的教育学」を紹介し、Persönlichkeitsbildungを同じく「人格の陶冶」と訳している(田中 2005)。

一九三三年にデューイ(Dewey, John)の『デモクラシーと教育』が、帆足理一郎によって『教育哲学概論――民本主義と教育』という表題で、はじめて翻訳出版された。同書では、「人格の完成」という言葉が2回用いられているが、どちらも、原語が complete development of personality である (CWD, mw. 9, DE: 118, 128)。デューイがそこで言及した「人格の完成」も、当時のドイツ教育学で語られた「人格の陶冶」だろう。デューイはそこで、「文化 (culture［これは Bildung (陶冶) のこと］) は、人格的 (personal) である。……文化と呼ばれようと、人格の完全展開と呼ばれようと、それがもたらすものは、一人ひとりの個人に内在する特異性 (what is unique) ……が顧慮されているかぎり、真に社会的に有為な能力にひとしい」と述べている (CWD, mw. 9, DE: 128)。この「人格の完全展開」は、「〈内的〉人格の完全化」(perfecting an "inner" personality) とも言い換えられている (CWD, mw. 9, DE: 129)。

こうした歴史をもつ「人格」(「人格の完成」「人格の陶冶」) が、政策的に日本の教育の中心に位置づけられたのは、第二次大戦後、教育基本法が成立してからである。それから現代にいたるまで、日本の学校教育においては、「道徳の時間」のみならず、さまざまな教育場面で「醇風美俗」につうじる道徳規範の形成が行われてきた。しかし、ここでは、そうした日本の人格形成的な教育の展開を脇に置き、カントのペルゼンリッヒカイトのめざしていた「完全性」の意味内容を確かめよう。

「人間の完全性」を志向する人格性

ペルゼンリッヒカイト (以下「人格」) は、先にふれたように、人の心のなかにあり「人間の完全性」を指向する何かである。「人間の完全性」は、「人間」と言いつつも、基本的にキリスト教思想に由来する概念であり、再確認しておくなら、この言葉は、〈人は、イエスのような完全性に到達できるように努力しつづけるべきである〉という考え方と一体である。この考え方は、とても到達できないだろうこの目的に敢えて向かいつづけるという、敢然なる態度がふくまれている。さきにふれたマルセルは、「人格の特質とは、［不可能に］大胆に立ち向かうことである」と述べている(Marcel 1940/1968: 122)。

この「人間の完全性」に向かうという考え方は、キリスト教思想の原点である新約聖書にさかのぼれば、パウロの次の記述に依拠している。「私たちすべてが、神の子［＝イエス］を信じるという信において一致し、また彼を知るための知識において一致し、完全な人となり、ついにキリストの豊かで気高いヴァーチュ［力強さ］にいたる。こうして、私たちは子どもではなくなり、だまし惑わす策略、悪巧みによって、さまざまな考え方に満ちた風潮に惑わされたり、もてあそばれたりすることがなくなり、愛に満ち、真理を語り、あらゆる点で成長し、めざすべきキリストに達する」(エペソ 4. 14-16)。

こうしたキリスト教的な完全性論は、イエスを唯一の「師」(magister) と位置づけている。たとえば、アウグスティヌス (Aurelius Augustinus 354-430) は、『師について』において、「すべての師のなかで、師はただひとり。天上にいる師だけである」と述べている (AO, M: 14. 46/276)。この天上の師は、一人ひとりの心のなかに「イマーゴ」(imago 象り・像・形象) として映しだされる。このイマーゴが「神の像(象り)」(Imago Dei イマーゴ・デイ) と呼ばれる。そのイマーゴとしての「師」と向きあうとき、人は「内在する人」となる。その「師」は、その人に「呼びかけ」、人は、その呼び声に「応える」。ここに、内的な呼応の関係が生じる。この内的な呼応の関係のなかで、人は、「神の似姿」(similitudo Dei シミリトゥード・デイ) となる。

ようするに、カントの人格は、いわゆる「信仰」から距離をとりつつも、人間が創りだし従う意味・価値を超越する存在者（すなわちイエス）を前提としながら、人が〈よりよく生きようとする〉ことそれ自体である。「信仰」の有無にかかわらず、この〈よりよく生きようとする〉ベクトルそれ自体は、否定できないだろう。しかし、前述の思考の自由という観点からすれば、イエスは、思考の自由を妨げる絶対的価値になるべきではなく、〈よりよく生きようとする〉ベクトルを喚起する契機に留められるべきだろう。キリスト教思想をさらにさかのぼり、その可能性を探ってみよう。

3　共鳴共振と交感

共鳴共振としてのペルソナ

先にふれたように、ラテン語辞典に即していえば、「ペルソナ」(persona) は「仮面・役柄・人物」などを意味する言葉である。しかし、これらの意味に従い、キリスト教思想の「ペルソナ」を理解しようとすると、困ったことになる。つまり、キリスト教思想でいわれている「三位一体」(Trinitas [tres personae in una substantia]) 論、すなわち「父(神)」(Pater) と「子(イエス)」(Filius) と「聖霊」(Spiritus Sanctus) が、「ペルソナ」として一体であるということは、たしかにいろいろと論じられているが、わからなくなる。

しかし、この「ペルソナ」がもともと、トマス・アクィナス (Aquinas, Thomas 1225-74) が『神学大全』に記すような「響き」であるとすれば、それは、いくらかわかりやすくなる。「ペルソナ」が、ギリシア語の「プネウマ」の訳語であり、「息吹・響き」を意味していたことを踏まえて、トマスは、「ペルソナ」を「ペルソナーレ」(per-sonare 通して—響く) の名詞形と解釈している。そして、役者が「仮面」を通して話すとき、そのくぐもった響きが尊厳をもたらすと主張し、「ペルソナとは、尊厳あるものに属する者として[他のものから]区別される固有な実体 (hypostasis proprietate) である」と断じている (A, ST: 1, q. 29, a. 3 ad 2)、「すべてのペルソナは、[それぞれ] 一つの実体である」と (A,

ST: 1, q. 29, a. 3 ad 3)。つまり、一つの大前提であると。

もうすこし大胆に考えてみよう。トマスが言及する「ペルソナーレ」は、たしかに「響き渡らせる」「反響する」「共鳴する」を意味している(OLD 2012: "persono")。「ペル」(per)は「通して」「拡がり」を意味し、「ソナーレ」(sonare)は「声を出す」「音が出る」を意味する。とすれば、ペルソナは、何らかのものではなく、二つのものが響きあう状態を意味している、とも考えられるだろう。つまり、「神」と「イエス」が共鳴共振している状態である、と。この共鳴共振状態が「ペルソナ」と形容されている、と考えるなら、それらが「一体」であることも、理解しやすいだろう。

そして、こう考えるなら、「聖霊」は、この「ペルソナ」のはたらきを形容する言葉である、と考えられる。アウグスティヌスも、『三位一体論』のなかで、「父(神)」と「子(イエス)」を結びつけるのが「聖霊」であるといい、この「聖霊は、父と子に共通であり、……両者のコンムニオ(communio)と呼ばれる」と述べている(AO, DT: 15. 19. 32, 37)。つまり、この「コンムニオ」(共通するもの)が「ペルソナ」である、と。

近代の「人格」にかんする記述も、その言葉のなかに「共鳴共振」(いいかえれば、「映しあい」)というニュアンスを感じとりながら読むとき、しっくりくるだろう。たとえば、アウシュヴィッツの生き残りであり『夜と霧』の著者フランクル(Frankl, Viktor 1905-97)は、一九四八年の『識られざる神』において、「人格(Person)はただ、神の似姿としてのみ理解しうるものである。人格は、自分自身をただ超越者[=イエス]から把握するほかない」としつつも、「人はさらに、自分を超越者から理解する程度においてのみ、人である。人は、超越者から人格たらしめられる程度に応じてのみ、人格である。すなわち、人は、超越者の呼びかけが彼のうちで鳴り響き、響きわる程度に応じてのみ、人格である。この超越の呼びかけを、人は良心において聴きとる」と述べている(Frankl 2009/2016: 175[私訳])。

共鳴共振と交感

この共鳴共振は、もっとも生き生きとした、しかし不安に彩られた営み(生動性)といえるだろうし、一般に善悪を決するものと見なされている「道徳性」を下支えしているものともいえるだろう。一応、ふれておくなら、文科省の『学習指導要領の解説』は、「道徳性」は「道徳的価値の総体」と規定し、それを支えるものの一つが「すべての生命のつながり」という「自覚」である、と述べている。同書は、この「自覚」を生みだす「つながり」が何であるのか、解説していないが、さしあたり、共鳴共振である、と考えられないだろうか。

むろん、異論もあるだろう。この自覚は、たんなる「社会化の結果」として生じるものである、という考え方もある。いつのまにか身につけた思考の習性(ハビトゥス)のようなものである、と。あるいは、そうした社会化論的な考え方を否定し、ローマ法王ヨハネ・パウロ2世のように、この自覚は、「霊性(スピリトゥス)の働き」によって生じたものである、ということもできる。すなわち、神がすべての人に贈った「霊性」が、人の心のなかにあり、はたらくからである、と(Pinker 2002/2004)。

ここで、これらの考え方の当否を子細に検討することはやめて、「道徳性」の基礎である「すべての生命のつながり」という「自覚」は、自・他の共鳴共振である、と考えてみよう。身近なことを例示すれば、それは、私たちが、生まれたばかりの子猫を見て感じる歓びであり、捨てられた子犬を見て感じる痛ましさであり、緑生い茂る立木を切り倒さなければならないときに感じるためらいなどである。また、だれかへの憧れ、畏敬も、共鳴共振である。キリスト教に即していえば、無条件に人を愛し、また弟子に裏切られ、十字架にかけられた人、イエスに対する深甚の畏敬も。

おそらく、人は、「人」（個人化された人）――交換可能で分割不能である単位（individuum）としての「個人」――という象り（輪郭）を超えて、それからはみだし広がる感覚、いわば「交感」（sympathia 自・他が感受しあい響き合うこと）をもっているのだろう。それは、見えないし語りがたいが、無理にいえば、「阿吽の呼吸」「以心伝心」のような、言葉にしなくても、だれかと響きあい・通じあうことである。それは、「自律する個人」という鎧を着ているかぎり、さえぎられ断ち切られてしまう、音波のようなものである。感覚されるものであり、かつ想像されるものである。

この「交感」は、それが強く刺激されるとき、共鳴共振となる、と考えられる。いいかえれば、共鳴共振は、何か重大なことに直面したときに強く掻き立てられる「交感」の様態である、と。そして、そうした共鳴共振のなかで、相手を「助けなければ」という衝迫が生じるとき、その衝迫が「良心」（倫理的衝迫）と呼ばれる、といえるだろう。この倫理的衝迫は、命題としての道徳規範、社会常識、宗教教義などではないが、そもそもそれらが語られたときの、前提だったのではないだろうか。

4　ペルソナが示す歓び

音楽と言葉――「交感」に支えられて聴く

谷川俊太郎の二〇一八年の詩作論、『聴くと聞こえる』に与りながらいえば、「交感」は、たとえば、人里離れた山奥の小屋で、夜半に目を覚まし、どこから聞こえてくる、かすかな何かの物音、虫の羽音、風の音、小川の音などが、聴くともなく聞こえることである。その音、その静寂は、自分が実在することよりも、さまざまな生命に満ちた世界が在ることを黙示している。私なりの表現をすれば、このとき、人は、「自己」（エゴ）を忘れて、ただこの世界(外界)を感じている(感受している)。この世界は、耳で知覚されるものでもあれば、それによりつつ心に描かれるイマージュ(イマーゴ)でもある。

「交感」はまた、人が音楽を聴くことを支えている、といえるだろう。私たちは、音楽をまるごと受け容れること、心身を音楽に浸すことで、はじめて音楽を聴くことができるからである。そして、その音楽が、何度も聴きたくなるほど自分を引きつけることが、音楽と人の共鳴共振かもしれない。谷川によれば、作曲家の武満徹は、仕事にとりかかるとき、いつもバッハの『マタイ受難曲』の終結部の合唱を聴いたという。そして、病床で最後に聴いた音楽も『マタイ受難曲』だったという(谷川 2018: 94)。

こうした音(楽)に対し、言葉は、あからさまに他者にかかわろうとしている。たとえば、生まれたばかりの赤ちゃんがあげる産声は、おそらく最初に人が発する呼びかけの、他者へかかわろうとする言葉、といえるだろう。泣き声、呻き声、叫び声など、思わず出てしまう声は、おのずから他者にかかわろうとする言葉ではないだろうか。思わず発せられるかかわりの言葉は、だれかに対する切実な想いと一体ではないだろうか。

こうしたおのずからの言葉におもわず聴き従うことも、「交感」に支えられている営みだろう。たとえば、「おお」「ああ」といった呻き声は、たんなる同じひらがなが並ぶ文字列であるが、その文字列に呻き声、つまり他者の苦しみ・つらさを感じることは、「AI」(artificial intelligence)がしているような「学習」の成果ではないだろう。それは、感受性が可能にする営みではないだろうか。つまり、静寂の世界を感じることも、他者の想いを感じることも、感受性の「交感」という営みに支えられているように思う。

「意味・価値」といわれるものは、ここでいう「交感」を前提にしながらも、すなわちそこから活力を得ていながらも、あまりにもしばしばその事実を忘却しているように思われる。多くの場合、「自己」(恣意・願望)、すなわち「交感」を簡単に凌駕するそれが、意味・価値に取り憑いているからである。谷川俊太郎の言葉を引こう。「どんな天才も音楽を創りはしなかった　彼らはただ意味に耳をふさぎ　太古からつづく静けさに　つつましく耳をすましただけだ」(谷川 2018: 103)。先にふれたマルセルの言葉を借りれば、こうもいいかえられるだろう。「創造する者を包みこみ、彼を通じて噴出する神秘 (mystère) がなければ、創造はありえない」と (Marcel 1940/1968: 131)。

「交感」は、「私」の「自己」が大きすぎると、言葉とともに失われるが、「私」の「自己」がそれに寄り添うと、言葉とうまくはたらきだす。谷川は「どんな言葉が私に親しいのか」と自分に問い、「……私が歌うことではなく私の歌われるのを私は聞く……」と続けている。何かに誘い出されるように、思わず口ずさんでいる歌を聞くときのその言葉が、「私に親しい」と (谷川 2018: 23)。そのような言葉は、教育の世界に見いだされるだろうか。

教育を支える「交感」

教育の世界では、「表現する力」や「自己形成」を育むことが重視されている。そもそも人とは、みずから表現し自分を形成する存在であるともいわれる。そうした人間は、あの理性的に自律する「人格」に重なるようにも見える。たとえば、大正期・昭和前期の教育学者、木村素衛《もともり》(1895-1946) は、人間を「表現的・形成的存在」と規定している。すなわち、人は、自分をつねに作り変えつつ生きていく存在、すなわちみずから表現し、自分を形成する存在である、と。しかし、木村は、人が為すべきことは日々の具体的情況のなかにしかないと強調する。彫刻家が一打ごとに石と対話し応答しながら鑿を打ち込んでいくように、自分が生きている今ここで他者・自然に応答しつつ、自分を表現し形成するしかないと(詳しくは、西村 2017 を参照)。

ひるがえっていえば、日常的な教育実践も、同じような応答の相をふくんでいる。教師は、いつも所与の目標から逆算し、いわばPDCAサイクル(目的合理性にもとづく手順)で子どもたちに働きかけているのではない。教師はむしろ、具体的情況のなかで、子どもの表情・仕草を感じながら、その子どもに必要なものを洞察し応答している。その行為は、目的合理的というよりも呼応関係的である。そのような教師の応答は、子どものさまざまな条件づけ、すなわち、家庭環境、生育歴、気質、性格、習慣、交友、学力を勘案しなければならないにしても、眼前の子どもを感じとる「交感」によって支えられている。

何が、この、子どもへの「交感」の応答の中味を決めているのだろうか。その応答が、心を込めたものであっても、ふりかえってみれば、「ふさわしくなかった」という場合もあるだろう。事実、後悔と無縁の教師などいないのではないだろうか。一つひとつの教育実践は、やりなおしがほとんどきかない一回性のはたらきかけであるから、教師は、できるかぎりそのはたらきかけを後悔しないものにしたい、と思うはずである。そうであるとすれば、この教育実践における誤りを避けるうえで、教育者に必要なものは何か。他者への教育的はたらきかけの「ふさわしさ」を決定するものは、何か。

私見を述べれば、それは、子ども一人ひとりの共鳴共振する力を無条件に信じることである。子どもが自分を圧倒する何か・だれかに出会い、心を揺さぶられること、憧れることをただ信じることである。一人ひとりの子どもに、その子どもに固有特異なテロスが象られることである。さきほどふれた思考の自由は、このテロスのためにあるのではないか。ともあれ、教育者に信じるものが必要であるとすれば、それは「無限の可能性」ではなく、共鳴共振する力である(と私は思う)。

経験が頽落するなかで

こうした人格概念の思想的含意、すなわち「交感」や共鳴共振は、現代社会を生きる私たちが、あらためて確認すべきことではないだろうか。というのも、現代社会は、ことさら有用性を重視するからである。バウマン（Bauman, Zygmunt）が「リキッド・モダニティ」（liquid modernity 液状的近代性）という言葉で形容しているように、現代社会は、意味・価値が、経済的利益に結びつけられているからであり、またそこで生じる不正・犯罪を防ぐために、規則・規範への僕従が強く求められているからである。

現代社会の息苦しさのなかで、「理性的に自律する」人格が求められるなら、その人格は、有用性を「理性的に」求め、その有用性に向かい「自律する」人格になってしまわないだろうか。「交感」よりも金もうけを「理性的に」重視し、金もうけに向かい「自律する」人格に。ヨーロッパにおいて、人を「自律」させる「理性」は、「合理性」（ratio ラティオ）でもあれば、「神言」（Logos/verbum ロゴス）でもあった。合理性は経済的になるが、神言はそうならない。しかし、神言としての理性は、日本社会に根づいていないし、ヨーロッパでもキリスト教やギリシア哲学の衰退とともに忘れられるだろう。そして、理性は合理性となってしまうだろう。

現代アメリカの哲学者、ドレイファス（Dreyfus, Hubert）は、一九八四年に「ニヒリズム」（Nihilism）という言葉によって、神言が失われ、「経験」が、畏敬・崇高ではなく享楽・興奮に向かうそれに変わりつつあるアメリカの現状を形容している。「私たちの関心がことごとく、通俗的な意味の『経験』［＝勝ち負けのあるゲームに興奮し熱狂するような経験］に還元されるとき、私たちは、ニヒリズムの最終局面に到達している」と（Dreyfus 1984: 136）。いいかえれば、私たちが神言のような「大いなるもの」（Greatness）を分けもたないとき、私たちは、たんなる「享楽」「興奮」を得るために、だれかの優れた能力や波乱の人生を傍観的に「経験」することになる、と。

しかし、現代社会の圧倒的な有用性志向のなかで、人はもはや過去に戻ることはできない。ドレイファスは

「もしもあなたが歴史の昇りエスカレーターを降りようとしても、あなたはここ［＝現代］に戻ってくるだけである」と述べている（Dreyfus 1984: 144）。私の提案は、この過去に奉じられた神言を脇におき、かわりに「交感」、共鳴共振が生みだす「生の歓び」をもっと大切にすることである（生の歓びは第5章で再論する）。それは、いいかえれば、声なき声で呼びかける他者に無条件にかかわることである。それは、ドレイファスが「関係の同定」（defining relation）と呼ぶことにひとしい。ドレイファスは「このような絶対的な［他者との］かかわりのみが、人格としての生（person's life）に心豊かな特異性を生みだす」という（Dreyfus 1984: 144）。この無条件のかかわりに必要なものは、すでに私たちに与えられている。

2 何が「陶冶」と呼ばれるのか——人の自己創出

Chapter 2 What is Called "Bildung"?: Human Autopoiesis

〈概要〉 本章の課題は、日本の教育学で「陶冶」と訳されてきた「ビルドゥング」という概念のもつ存在論的な含意をあらためて確認することで、いわゆる「教育」をずらす思想的契機をそこに見いだすことである。そうするために、まず、ビルドゥングの思想的源泉に立ち返ってみる。私の推論するところ、ビルドゥングの思想的源泉は、中世キリスト教思想のメタノイアに見いだされる。とりわけ「形象なき象り」と形容される営みに。この営みは、現代の「教育」からも、また「陶冶」からも、そしておそらく近代ドイツ語の「ビルドゥング」からも、抜け落ちていった営みである。

1 「教育」と「陶冶」

「教育」の移入

まず、ごく簡単に日本の「教育」という言葉の履歴を確認しよう。現在、私たちが用いている「教育」という言葉は、明治期よりも前からあるが、それが、現代のように日常的に使われるようになったのは、明治期以降である。その端緒は、一八七二(明治五)年の「学制」の制定であろうし、それに端を発する学校体系の設営、いわゆる「公教育」の導入であろう。

『日本国語大辞典』によれば、近代的な意味で「教育」という言葉の用例は、一八六八(明治二)年の『万国新話』に見られるという。そこに「学校の制を変革し、教育の法を補正し」という言葉が記されていると(日国:教育)。また、藤原の研究(1981)によれば、「教育」という言葉が、学校で行われる営みを意味する言葉として頻出するのは、文部省が一八七三(明治六)年から刊行した『文部省雑誌』であるという。たとえば「米国教育日誌」や「独乙教育論」という名称で(藤原 1981)。およそ一八八〇年代から九〇年代に、近代的な意味の「教育」は、日本語として定着していったといえるだろう。

たとえば、のちほどあらためてふれる『倫氏教育学』を出版した明治期の教育者、湯原元一(1863-1931)は、一八九三(明治二六)年に出版した同書の訳注において、「教育とは、独逸語にて Erziehung と云ふ。もと羅甸語《ラテン》の educare、educare に倣ひて製作したる語にて、抽出の意義を有す。蓋し教育の主とする所は、児童の心身に含有して未だ発達せざるものに、外部の刺衝を加へて、之を抽出し、因りて以て、實際上の能力に變じ、其効用を見るにあり」と述べている(緒論:4)。ちなみに、湯原は、一九〇一(明治三四)年に『倫氏教育学』を改訂し、『倫氏教育学教科書』として出版したが、そこで彼は「教育」の「原語」に「education(英)」を加えている(緒論:3)。

「陶冶」の移入

明治期に導入された「教育」は、子ども・若者の「知る」の様態を変容させる契機となった。図式的にいえば、おそらく従来行われていた「知る」の様態は、実際的な知恵が「相互活動」のなかで具体的に「提示」され、それを体得的に「了解」するという経験であろう。これに対し、「教育」における「知る」の様態は、科学的・実学的な用語が「授業」のなかで集約的に「教授」され、それをリテラルに「学習」するという経験である。

しかし、明治期に「教育」とともに移入された「教育学」の言説は、知識技能の「教育」だけでなく、前章で述べたように、ドイツ教育学に由来する「人格形成」を説いていた。この「人格形成」という考え方の起源は、さかのぼれば、古代ギリシアにいたるが、学校という公的制度の広がりを念頭においていえば、一八世紀から一九世紀のヨーロッパにおいて、キリスト教思想を踏まえつつ形づくられた、といえるだろう。なかでも、ドイツ語のBildung（ビルドゥング）という言葉は、第1章でもふれたが、「陶冶」また「教養」と翻訳され移入され、長く日本の教育学の基礎概念の一つに位置づけられてきた。

しかし、「陶冶」は、「教養」に比べるなら、近年、ほとんど使われなくなったように思う。山名淳の教えるところによれば、一九六〇年代の教育学では、「訓育」(Erziehung)が「人格の教育」と意味づけられ、「陶冶」(Bildung)が「学力の教育」と意味づけられた、という（山名 2015: 208-9）。このような意味規定は、のちに点描するBildungの概念史を踏まえるなら、驚きであるが、現在では、こうした意味規定も忘れられているように思う。私の印象にすぎないが、この言葉は「近代教育学の遺物」のように見える。そして、この言葉が戦後から現代にいたる日本の教育政策で用いられたことは、一度もないだろう。

ともあれ、確かめておくなら、「陶冶」という言葉は、日本では、九世紀あたりから「陶物や鋳物をつくること」という意味で使われ、一一世紀あたりから「もって生まれた性質や才能を円満に育てあげること」という意味で使われたという（日国：陶冶）。この古来の「陶冶」をBildungにあてたのは、おもにドイツ系の教育学言説の移入者たちである。櫻井（2015）、山名（2015）の研究によれば、もっとも早い時期の移入例は、先にふれた『倫氏教育学』に見いだされる。同書は、チェコ（ボヘミア出身）のヘルバルト系の教育学者、リンドネル（Lindner, Gustav Adolf 1828-87）の *Allgemeine Erziehungslehre*（1882）の翻訳である（直訳すれば「普遍的教育学」）。訳者の湯原は、同書で Bildsamkeit を「陶冶性」と訳し、bilden を「陶冶する、修養する」と訳している（緒論 p. 5-6）。

ビルドゥングの思想的源泉へ

むろん、「陶冶」の原語である Bildung は、現代のドイツの教育界においては、ごくふつうに使われる名詞である。たとえば、「カリキュラム」は Bildungsplan（ビルドゥングスプラン）、「教育政策」は Bildungspolitik（ビルドゥングスポリティーク）、「学歴」は Bildungsweg（ビルドゥングスヴェーグ）である。ちなみに、Erziehung（エアツィーウング）もよく使われるが、ビルドゥングに比べると、この言葉は「管理・指導・操作する」といった、他者への機能的なはたらきかけという意味あいをもっている。

本章の課題は、このビルドゥングという概念がもっていた存在論的含意をあらためて掘り起こし、いわゆる「教育」をずらす思想的契機を見いだすことである。そのために、ビルドゥングの思想的源泉に立ち返ってみよう。私の理解では、ビルドゥングの思想的源泉は、キリスト教思想のメタノイアに見いだされる。その含意は、「教育」からも「陶冶」からも、そしておそらく近現代ドイツ語の「ビルドゥング」からも、失われている。

2　人の自然の陶冶

「神の像」と「神の似姿」

言葉は、文脈のなかで用いられる。「ビルドゥング」も、何らかの文脈のなかで用いられてきた。その主要な文脈が、イエス、ヨハネ、パウロにはじまるキリスト教思想である。「ビルドゥング」の語幹「ビルド」(Bild) は「像」を意味するが、キリスト教思想における「像」(Imago/Bild) は、「偶像」ではなく、およそ「神の像」すなわち「イマーゴ・デイ」(Imago Dei) である。たとえば、ルター (Luther, Martin 1483-1546) は、一五三四年に『ルター聖書』(*Die Luther-Bibel*) と呼ばれるドイツ語版聖書を作り、そこでラテン語版聖書の「イマーゴ」「シミリテュード」(similitudo) をともに「ビルド」というドイツ語に訳している (創世記 1. 26-7)。

この「神の像」は、しばしば「神の似姿」(similitudo [Dei]) と混同されているが、本来、区別されるべきである。アウグスティヌスも、トマス・アクィナスも、この「神の像」と「神の似姿」を区別し、関係づけている。金子晴勇に依りつつも、端的にいえば、彼らは〈心が「神の像」を映しだすとき、人は「神の似姿」である〉と考えている (金子 1982: 137; 金子 2002: 57-85)。「神の像」は、心に象られるイエスであり、「神の似姿」は、そのイエスに向かう、無垢であろうと試みつづける、篤い「信」の人である。

たとえば、アウグスティヌスは、四一七年ころに書きあげた『三位一体論』において、「私たちが神を知るとき……[私たちは] いくらかその似姿 (similitudo) となる」と述べるとともに (AO, DT: 9. 11. 16)、この「神を知る」「心の眼」(oculus mentis) が、「神の像」を映しだす「心の鏡」である、と述べている (AO, DT: 11. 4. 7; 11. 7. 12; 11. 8. 12)。「心のなかの……永遠なるものの観想 [=〈見えないもの〉を見るという知性のはたらき] にかかわるその部分 [=心の眼] においてのみ……神の像 (imago Dei) が、見いだされる」と (AO, DT: 12. 4. 4)。

トマスは、一二六五年から七三年にかけて書いたとされる『神学大全』において、アウグスティヌスを引用しながら、「像」(imago) と「似姿」(similitudo) の違いについて、およそ次のように述べている。人は、本来的に「神の似姿」だから、人は「神の像」を心に映しだせるが、だれでもというわけではない。邪悪・高慢な人は「神の像」を心に映しだせない。「[神の]似姿は、[神の]像という意味(ratio)[が成り立つための]の前提である。そして[神の]像は、人が[神の]似姿であるという理由(ratio)のうえに、あることを加えることで、成り立つ」(A, ST: I, q. 93, a. 1 co)。この「あること」は、イエスの現出・出来である。つまり、人は、イエスの出来に依りながら、「神の像」を「心の眼」で「心の鏡」に映しだすと。

「自己」ではなく「自然」

人は、なぜ「神の像」を求めるのだろうか。キリスト教思想の端的な回答は、人に「スピリトゥス」(pneuma/spiritus)すなわち「霊性」が贈られているからであり、それが「良心の呼び声」として現れるから、である。霊性は、一人ひとりの「アニマ」(anima いのちを贈られ享ける場としての「魂」)に住まう潜勢力であり、適切な刺激によってはたらきだし、人を「神」に向かわせる。この「スピリトゥス」は、ドイツ語で「ガイスト」(Geist)、フランス語で「エスプリ」(ésprit)、日本語で「霊性」と訳されてきた。

キリスト教思想は、人が合法的でもっともらしい行為にも「悪徳」を見いだし、よりよく生きようとするのは、人のなかにはじめから霊性が宿っているから、と考えてきた。キリスト教思想においては、しばしば、人が求めるべき「義」(dikaiosune/justitia)の終点は「永遠の命」であり「罪」の応報は「死」である、と言われるが、原始キリスト教思想においては、人は「永遠の命」を欲し「死」を恐れ「自己」に因って「義」を求めるのではなく、「自己」を超える霊性に与って「義」に向かう、と考えられていた。

こうした霊性重視の考え方は、のちに「キリスト教神秘主義」と形容されるようになった。たとえば、一三世紀の思想家エックハルト(Eckhardt, Johannes 1260-1327?)にとって、「ビルデン」(bilden)は、「心でイエスを象る」ことを意味していた。それは、後述するように、見えない、すなわち形象として残されていないイエスの像を「心」に思い描くことである。それは、あくまで比喩的な表現であり、実際に求められたことは、人が霊性に与りつつ自分のなかに「神の像」を探し求めることである。すなわち、心を鍛錬し、自分を浄化し、ふたたび本来の「神の似姿」に回帰することである(Lichtenstein 1971: 922)。

私は、キリスト教神秘主義にかぎらず、「スコラ学」と呼ばれる中世キリスト教思想においては、霊性は、人と「神」を媒介するメディアではなく、人が「神」と共鳴共振する共動態である、と考えている。いいかえれば、「神」が人にカリタス(アガペー)すなわち無条件の愛を呼びかけ、人がその呼びかけに応え、無条件の愛を行おうとするという、呼応の関係を意味し、「ペルソナ」は、それを表徴する言葉である、と。さらにいえば、この人の「応じる」を支える霊性は、人(自己)が意志し思惑することではなく、おのずから――つまり「自然に」――よりよいもの――つまり「神」――へと向かうベクトルである、と。

しかし、この人に住まう霊性は、一七・八世紀あたりから、「アニマ」(anima いのち)の現れとしての「自然」という考え方がしだいに後退していくとともに、後退していった。コリングウッド(Collingwood 1945/2002)、ルノーブル(Lenoble 1969)、アド(Hadot 2004)が論じているように、一七世紀から、コスモスの機械論、すなわちコペルニクス、ケプラー、ガリレオなどのそれによって、「自然」が、生動性溢れるアニマではなく、所与の「法則」の現れと見なされるようになるとともに、人の霊性は、「神」から切り離されていった。そもそも、人の霊性は、人のアニマに住まうものだったからである。

アニマと一対だった霊性が、アニマともども揺らぎはじめるとともに、「人間(本)性」(human nature/nature humaine）、つまり人の本質が、あらためて問われるようになった。たとえば、ヒューム（Hume, David 1711-76）の『人間本性論』（*A Treatise of Human Nature.* 1739/40）は、文字どおり「人間本性」を規定しようとする試みであり、「名誉の感情が……人間本性にもっとも本質的なもの」と規定している（THN: B. 3, P. 2, S. 2）。アダム・スミス（Smith, Adam 1723-90）の『道徳感情論』（*Theory of Moral Sentiments.* 1790[1759]）も同じような試みであり、他者からの承認に対する愛が「もっとも優れた人間本性の一つ」と論じている（TMS: IV, iii, 46）。

他人からの承認を求めるという「人の自然」

ドイツで「教育学」（Paedagogik）という学問が誕生したのは、まさに霊性の意味（神／人の呼応の関係）が後退し、あらためて「人の自然（本質）」が問われたこの時代である。一八世紀のヨーロッパでは、たしかにフランスにおいては、「統治」の一環として「教育」（éducation）が盛んに論じられたが、ドイツにおいては、大学の「学問」の一つとして「教育学」が講じられた。

たとえば、カントは――彼の死後、一八〇三年に他の人によって公刊されたが、おそらく一七八〇年代に書かれたと考えられる――『教育学について』のなかで、次のように述べている。「明らかなことは、おそらく教育（Erziehung）が今後ますます改善され、のちの世代ほど人類の完全性状態（Vervollkommnung der Menschheit）に近づくことである。というのも、教育（Edukation）の背後には、人の自然（menschen natur）の完全性（Vollkommenheit）という、大きな秘密が潜んでいるのだから」と（KW 12, P: 700 傍点は引用者）。

カントにとって、この「人の自然」の「完全性」は、人類の長い歴史の果てに見いだされるもので、あらかじめこれこれと確定されているもの（所与）ではない。カントは、「人は、これまで一度も人類が到達する完全性の概念内容をもたなかった。私たちも、この概念内容を十分に明確化していない」と述べている(KW 12, P: 702)。それでも、カントは、希望を捨てていない。彼は、「……人の類としての使命は、完全性にむかう進歩(Fortschreiten)のなかにあり、その目的を達成しようとする試みは、最初は間違いだらけでも、後になると、類としての人びとの長い連鎖のなかで、しだいにうまく成し遂げられていくだろう」と述べている(KW 11, MAM: 92)。

しかし、その完全性への歩みは、「自己」の人為性に大きく傾いていた。完全性は、本来、「神」の属性であり、ラテン語で「ペルフェクティオ」(Perfectio)と呼ばれていた。それは、アガペー(カリタス)としての愛である。カントにおいても、人は、この完全性に向かうベクトル、すなわち「霊性」(精神 Geist)を内在させていたが、その現れは、「慎しみ」(Sittsamkeit)すなわち「よい作法(軽蔑されうることを隠すこと)によって、他人が自分を尊敬することを欲する傾向性(Neigung)」である。カントは「それは、もっとも優れた社交性(Geseligkeit)の現実的基礎であり、それは、人倫的被造物(sittliche Geschöpfs)としての人の進化(Ausbildung)を示唆している」と述べている(KW 11, MAM: 89-90)。この「慎しみ」は、本来の、おのずからのそれではなく、他人からの尊敬を意図的に獲得するための道具、作為的に作りだされる「自己像」のように見える。

おそらく、一八世紀のドイツ、またイングランドに生まれた「教育学」は、その誕生のときから、この他人からの承認を欲望する「自己」をともなっていたのだろう。「人から認められたい」という願望は、たしかに人の自然な求めのように見える。もっとも、カント自身は、「人の自然」を承認の欲望に還元していない。カントはおそらく、人が個人として生きなければならないこれからの時代に、人は不可避的にそういう側面をもたざるをえない、と考えたのだろう。カントが根本的に求めた「人の自然」は、〈よりよく生きようとする〉動態である。それを端的に示す概念が、カントのいう「道徳性」(Moralität)である。確認しよう。

教育の存立条件としての「神」

カントにとって「教育の理念」は、「人にそなわるすべての自然な素質（Konsteration）を発達させる（entwickeln）ことである」。いわば「全面的発達」である。「私たちの仕事は、自然な素質を調和的に発達させ、そのさまざまな萌芽から［すべての人が体現する］人間性を展開させるとともに、すべての人がその展開という使命を果たせるようにすることである」（KW 12, P: 701）。すなわち、人は、教育をつうじて、個・世代・人類として自分の「人格」（Person 精神＝霊性を体現する人）を作りあげるべきである、と。

本来的可能性である「自然な素質」すべてを発達させることは、そもそも「神」の「啓示」（Offenbarung）である。教育、すなわち人の本来的可能性をつねに発達させることによって個人・世代・人類としての人の本来性を具現化していくことが、すべての人に対する「神」の呼びかけである。「神意（Vorsehung）は、人が自分自身の内から善を作りだすことを欲し、『世の中に生まれ出でよ』と人に呼びかけている。ないし造物主は、人にこう語りかけているはずである！――『私は、あなたに善（Gut）に向かうすべての資質（Anlage）を贈り与えた。それを発達させることは、あなたの義務である。あなたの幸福も不幸もあなたしだいである』と」（KW 12, P: 702）。カントは、人は、「神」の「被造物」であるからこそ、「善」なるものを志向する「自然な素質をもつ存在者」である、と考えている。この「神」の贈与としての人の「自然な素質」が、「教育」すなわち人の人による完全性の到達への支援を存立可能にしている。つきつめていえば、「神」への準拠がなければ、カントのいう「教育」という人為は、成り立ちえない。

カントは、この「自然な素質」が発達するなかで「道徳性」が生じる、という。道徳性は、「傾向性」（Neigung つまり「社会的な意味・価値・趨勢」）に抗い、「道徳法則」（moralisches Gesetz つまり「良心の呼び声」）が直截的に意志を方向づけることである。この道徳性のもとで、「自分自身を改善すること（Sich selbst besser machen）、自分自身を文化すること（sich selbst kultivieren）、そして自分が悪であるときは、自分で道徳性を身につけようと試みること（Moralität bei sich hervorbringen）」が生じる（KW 12, P: 702）。すなわち、道徳性は、流行や趨勢に抗い、「良心の呼び声」としての「理性」に従い、第1章でふれたように、自分独りででも〈よりよく生きようとする〉ことであり、日本の学習指導要領が用いる「道徳」のような、内面化された道徳規範などではない。

「人の自然」を陶冶すること

カントは、この道徳性ないし「人倫性」（Sittlichkeit）の育成を「陶冶」（Bildung）と呼んでいる。「実践的ないし道徳的なそれ［＝教育］とは、それによって、陶冶が行われることであり、人が［理性に従い］自由に活動する存在者として生きられるようになることである」。それは、端的に「人格性（Persönlichkeit）の教育である」とも述べている（KW 12, P: 712）（カントにおいて、人倫性と道徳性は、人倫性が道徳法則に従っている場合、同義である）。陶冶は「人の自然を陶冶する」ことである（KW 12, P: 728）。

「人の自然」の陶冶は、人自身――「自己」といえるだろうか――が行うことである。カントは「原則（Maximen 格率）が、考え方を陶冶する」という。この「原則は、人自身から生じなければならない」が、道徳性という原則は「とても神聖で至高であるから、それを忘れて、［道徳性を］訓練の対象にしてはならない」。道徳性は、すでにある自然に依りつつ育まれるものであり、いいかえれば、「品格（Charakter）を確立すること」である。「人倫性は、品格に向かう」。それは、信頼に支えられた「従順さ」（Gehorsam）、人を貶める嘘から無縁である「誠実さ」（Wahrhaftigkeit）、他者との友愛の歓びのような「社交性」から成るが、「品格の本質は、原則に従い活動できることである」(KW 12, P: 740-1)。いいかえれば、「何かを行うという確固たる決意であり、それを実際に遂行する」ことである(KW 12, P: 748)。もっとも重要な原則は、「人類の原則」つまり完全性へと向かうことである。

確認しておくなら、カントは、「感情的なもの」(Temperament)を、こうした道徳性、品格、完全性から遠ざけている。たとえば、「共感」(Sympathie)は、感情的なものである。共感とりわけ「感情移入」(Teilnehmung 原義は「分かちあい」)は、人がイエスの「受難」(Passio)に心を強く動かされる「共受苦(Mitleiden)とは違い、ろくなことではなく(Übel)、それは、[悲劇や困窮といった]事態をただ嘆くところで生じる」。「正しい品格を陶冶しようとするなら、なによりもまず、[子どもから]激情(Leidenschaften)を取り除かなければならない」(KW 12, P: 747)。「子どもの心は、感情(Gefühl)によってではなく、義務の指し示す理念(der Idee der Pflicht)によって満たされる」べきである。なぜなら、感情は、つらい・いやな経験がつづくことによって、冷え固まってしまうからである。「欺かれつづけた人が、ひどく冷酷な人になってしまう」ように(KW 12, P: 751-2)。ようするに、感情は、人が完全性に向かううえで、あてにならないから、遠ざけられるべきである、と。

「自己」を生みだす教育

こうした陶冶は、さきにふれた自己改善、自己文化化、自己道徳化によって自己運動と化す。その「自己」は、自分を教育する「自己」でもある。その「自己」は、たとえば、カントが『エミール』を通じて「教育の理念」を学んだルソー(Rousseau, Jean-Jacques 1712-78)によっても宣揚された。ポーランドの思想史家バチコ(Baczko, Bronislaw 1924-2016)は、「自分の尊敬・賞賛に値するものを象徴によって形象化することで、人民は、いわば自己を二重化する。……自分がそのあるべき姿になると言明し、そのユートピアをめざすこと、こうして自分の教育者になることが、人民自身であることではないのか。この［自分を教育する］人民こそが、［ルソーの］啓蒙の政治思想が生んだ傑作である」と述べている（Baczko 1978: 98/100; cf. Baczko 1982）。

「自己」を実体化するこの教育は、いったん始まれば、なかなか止まらないだろう。それは、いわゆる「信仰」と同じで、「自分の尊敬と賞賛に値するものを象徴によって形象化すること」で、おのずから始まってしまう。カントは、そのことを知っていて、その「形象化」に一定の方向性を与えようとした。すなわち「道徳法則」（「理性」）によって。それは、つまるところ向神のベクトルである霊性の翻案である。このベクトルを欠くなら、形象化は、どこまでも頽落しうるし、何らかの偶像崇拝に陥りうるだろう。たとえば、ナチズムの総統へ向かうそれに、また、みんなが賞賛し羨望する理想の「私」へ向かうそれに。

ようするに、イエスの出来に与りつつみずからを浄化する営みとしてのメタノイアは、それを支える霊性の衰微とともに後退し、かわりに、カントのいう「陶治」のような、「神」に準拠しつつもそれを後景にとどめる、「形而上学」的な概念が登場した。それは、「自己」が「人の自然」から「感情的なもの」を排除し、それを「道徳的なもの」に高めようとすることであり、啓蒙思想のいう「自己教育」に通じている。この「陶治」は、およそ近代教育学の「教育の理念」に重なるが、大切なことを見失っている。

3　形象なき象り

陶治という概念

これまでの研究によれば、ドイツ語の「ビルドゥング」は、スコットランド道徳哲学の「人格形成」概念に由来する、と言われている。すなわち、ドイツ固有の概念と考えられてきたビルドゥングは、シャフツベリー（Shftesbury [Anthony Ashley Cooper] 1671-1713）が一七一一年に著した『人、作法、意見、時代の特徴』（*Characteristicks of Men, Manners, Opinions, and Times*）で使われている「穏健で自由な人格の形成」（formation of a genteel and liberal character）の翻訳であり、また「内面形成」（inward form）の「形成」（form）の翻訳でもある、と（Cocalis 1978: 401; Lichtenstein 1971: 923）。どちらも、「自己文化化」（self-cultivation　自己形成）であり、めざすところは、個人の権利・義務を尊重する「市民としての責任」を担う人に自分を形成することである。

こうした解釈に対する異論もあるが（Bothe-Scharf 2010）、ここでは、その語源の探索を棚上げし、およそ一七七〇年代までにドイツの多くの著述家がこのビルドゥング概念に強い関心を寄せたことを確かめておきたい。たとえば、ヴィンケルマン（Winckelmann, Johann Joachim 1717-68）、ヴィーラント（Wieland, Christoph Martin 1733-1813）、ヘルダー（Herder, Johann Gottfried 1744-1803）、ゲーテ（Goethe, Johann Wolfgang von 1749-1832）、フンボルト（Humboldt, Friedrich Wilhelm von 1767-1835）などである（Cocalis 1978: 402）。のちにふれるフンボルトはともかく、彼らは、人はそれぞれに固有に生きつつも、「神」と一体の人に「再形成」されうると、いいかえれば、だれも「神」から見捨てられていない、と信じていたようである。

しかし、彼らは、ビルドゥング概念を用いながらも、カントが前提としていた霊性を、しだいに後退させていったのではないか。フランスの「啓蒙思想」の時代を背景としつつ。「啓蒙」の原義は、「ルミエール」（lumières）であり、それは、「神」に向かう霊性がもたらすほのかな灯明ではなく、人間の理性がつくりだすまぶしい照出である。ただし、ビルドゥングについていえば、理性の果たす役割は、それほど大きくない。

霊性を代補するもの――「国民」

おそらく、一八世紀後半のドイツにおいて、霊性を代補するものとして(結果的に?)考案された概念が、「民族」(Volk)ないし「国民」(Nation)だろう。たとえば、フンボルトが、宣揚したそれである。フンボルトは、ドイツ人のなかにはドイツ的な「民族・国民」へのベクトルが内包されている、と考えていた。そのベクトルを基礎づけているものが「ドイツ語」である。フンボルトは、たとえば、一八三六年の『人の言語の分化と人類の精神発達へのその影響について』において、端的に、「民族(Nation)の精神(Geist)は、その言語(Sprache)である」と述べている(HGS 7, UVmS: 42)。

フンボルトのいう「言語」は、たんに書かれた文字や文章ではなく、生き生きとした言語活動、いわば「生動性」(Lebendigkeit)をともなう言語である。それは「エネルゲイア」(Energeia)とも形容されている(HGS 7, UVmS: 46)。いいかえれば、それは、人がおのずから生き生きと活動すること、すなわち「自己活動性」(Selbstätigkeit)を表徴する営みである。ただし、その自己活動性は、基本的に「民族・国民」の意味世界によって具体的に彩られている、ないしそれに「枠づけられている」(HGS 7, UVmS: 60)。

「民族・国民」のなかに生動的な自己活動性を見いだすことは、キリスト教の霊性、すなわち「神」へのベクトルからずれることを意味しているだろう。フンボルトが、ライプニッツの「モナド」(monad)を踏まえながら考案した「個人性」(Individualität)は、特定の「民族・国民」という意味世界的な枠のなかで、自己を純化しつづける存在者である。フンボルトは、この自己純化を「普遍的人間陶冶」(allgemeine Menschenbildung)と呼び、「人間性」(Menscheit)は、この自己純化の彼方に立ち現れる未然の可能性であるという。すなわち、フンボルトにおいては、陶冶が、神意のなかにではなく、歴史的・社会的な個人性の全称化のなかに位置づけられている。

存在の看過と超出の生動

いかなるときでも、人の生は、何らかの歴史的・社会的な意味世界によって規定されている。しかし、言語のはたらきは、フンボルトが考えていたような、何らかの意味世界を普遍化することにとどまるものではなく、その意味世界を文脈としつつも、自分を「異化」することでもある。この言語による自分の異化は、人の生の存在論的な存在様態である。フンボルトのいう「個人性」「普遍的人間陶冶」は、言語の普遍性を強調するあまり、この人の異化とでもいう、存在論的存在様態を覆い隠しているのではないか。

加えて、フンボルトのいう「個人性」「普遍的人間陶冶」は、この異化を可能にしている「存在」を看過しているのではないか。この「存在」は、人が自然・他者と「交感」すること、「ともに在る」ことである。それは、エックハルトが「説教８」において「すべての被造物は一つの存在(wesen)である」というときの「一つの存在」におよそ重ねられる(EDL, DW. 1, Pr. 8: 131)。また、彼が「集会の書」において、「あらゆる存在者(ens)は、自分のうちに自分に由来するものを何も保有しておらず、ただ存在(esse)に渇き、存在を望んでいる」というときの存在者の在りようにも重ねられるだろう(EDL, LW. 2: 274)。エックハルトのいう「存在」は「神」であるが、この「神」は、いわゆる「人格神」ではなく、私たち一人ひとりをふくむすべての存在者のなかに在る、生き生きとした生を支える何かである。フンボルトのいう「民族・国民」が普遍性として存立可能になるための基礎は、人がすでにこうした「存在」を感じ、他者と「ともに在る」ことではないか。

いいかえれば、本来の生動性は、人が「民族・国民」として生きることによってではなく、それらを越えることによって、すなわち不安・懐疑に彩られることによって感じられるのではないか。いいかえれば、通念・通俗の言語の限界を超越することにおいて感じられるのではないか。もっと端的にいえば、本来の生動性の端緒は、人為・作為に満ちた歴史的・社会的な意味世界に対する違和感・嫌悪感をいだくこと、それから超出すること、それを侵犯することではないか。ともあれ、こうした超越は、カントの陶冶概念にはふくまれていたが、フンボルトの陶冶概念にはふくまれていないように見える。この超越は、もっとも古い陶冶概念と一体である。すなわち、エックハルトのように、「神の像」を心に「象る」(imaginare) ことと。

「神の像(ビルド)」を感受し「神の似姿(ビルド)」となる

エックハルトは、「説教1」(Predigt 1) において、「神の像」を心で「見る」ことは、「イエスが、はかりしれない陶酔と豊穣とともに、みずから現れる」ことである、と述べている。それは「心(sêle)がイエスと合一する」ことであると (EDL, DW. 1, Pr. 1 : 19-20)。いわば、「私」がイエスに最強度で共鳴共振すること、思いがけず強く深く魅了されることである。したがって、「神の像」を心で「見る」ことは、形象的な像――たとえば、物憂げな表情をしたイエスの顔――を、心に思い描くことではない。そうした形象的な像は、「私」の「自己」の産物であり、「神の像」としてのイエスではない。

エックハルトは、「説教83」(Predigt 83) において、「自己」が語る「神」はすべて妄念である、と論じ斥けている。「神とは……」などと語ることはすべて、「私」の「自己」の表象であり、真実の「神」を知ることではない、と。「神」について語ることは「沈黙することである」。「神があらゆる認識を超えているからである」。「言葉で言い表せない神を表象することがあってはならない」。ではどうすればいいのか。エックハルトは、「あなたの「自己」から離脱し、神の「自己」に溶解し、あなたの「自己」が神の「自己」のなかで、完全に一つの「自己」になる」ことを提唱する。エックハルトは、それを「すべての［自己の作る］像が魂から取り払われ、魂がただ唯一の一なるものだけを見る」ことである、と形容している。この「見る」という営みは「像によらず、直接に（媒介なしに）、写像を用いずに、神を知ること」である（EDL, DW. 1, Pr. 83: 442-3）。これは、形象なき象りである。

そもそも、表象すること、像をつくることは、人の心のふつうの営みである。「あなたの魂が意識的であるかぎり、その魂は、『像』（Bild）をもつ。魂が『像』をもつかぎり、魂は、一なるものや純一なるものをもたない。魂が純一なるものをもたなければ、魂は、神を正しく愛することにならない」（EDL, DW. 1, Pr. 83: 447）。しかし、このような「像」ではない「像」がある。それが、イエスという「神の像」（Gottes bild）、つまりイマーゴ・デイである。エックハルトにとって、人とイエスは、イエスと「神」がそうであるように、無媒介につながる。エックハルトは、「説教16ｂ」（Predigt 16b）において、イエスという「像（Bild）は、その存在（Sein）を、それが発出したもの［つまり神］から無媒介に受けとり、そのもとと一体である存在（Wesen）をもち、同じ存在である」と述べている（EDL, DW. 1, Pr. 16b : 268）。

形象なき象り（ビルドなきビルドゥング）

ようするに、エックハルトは、「自己」の作りだす像を斥け、イエスを「神の像」であると心で見る＝感じることを提唱している。この「神の像（ビルド）」である〈見えないもの〉＝イエスを見ることが、自分が「神の似姿（ビルド）」になることである。「魂は、もっとも高まるとき、もっとも高いところで、その［＝イエスの］像（Bild）に親しむ。そこは、神的な光が終わることなく輝くところである」（EDL, DW. 3, Pr. 78: 354）。魂にイエスが現れるという、この「神の像」の象りのなかで、「人は、まさに神を知る。彼自身が、神の似姿（Bild Gottes）であることを知る」（EDL, DW. 3, Pr. 72: 241）。それは、人が「神の像（ビルド）」を感受し、人が「神の似姿（ビルド）」となること、すなわち本来性に立ちかえり、象られることである。

こうしたエックハルトのいう、ビルドなきビルドゥング、形象なき象りは、ドイツの思想史研究者がいうほど、アウグスティヌスやトマスの議論から隔たっていない。すくなくとも「神の像」と「神の似姿」にかんする考え方にかぎっていえば、エックハルトは、むしろ彼らに忠実である。すなわち、一八世紀のドイツの陶冶論の源泉の一つは、エックハルトに見いだされる形象なき象りである。念のためにいえば、このように述べることは、実際にエックハルトの思想を踏まえて一八世紀の陶冶論が展開されたと主張することではない。こうした把握は、「思考の自由」のための推断にすぎない。

もっとも、似たような概念の掘り起こしは、すでに一九世紀半ばに行われている。医学者であり哲学者でもあったカルス (Carus, Carl Gustav 1789–1869) は、一八五一年の『フュシス』のなかで、ビルドゥングについて、次のように述べている。「それ[ビルドゥングという言葉]は、現在、どんな教育 (Bildung) に対しても使われているし、そうした教育は、思考しえない予像 (Vorbild) を欠いている。しかし、ビルドゥングという言葉は、本来、次のようなものを意味する。すなわち、一つの像(理想・原像)として感じとられ、もっとも重要な言葉で語られる、輝く姿を意味する」と (Carus 1851: 9)。

4　人の自己創出

形象なき象りと異化

さて、こうした形象なき象りとしての陶冶の概念を念頭におくなら、近代の陶冶の概念が失ったものが見えてくるだろう。たとえば、湯原元一が「陶冶性」と訳し、近年「陶冶可能性」と訳される「ビルドザムカイト」は、もともとヘルバルトが用いた言葉だろうが、その意味は、子どもが何かを学ぶ可能性かつ自分を作りかえる可能性である。しかも、この概念は、教師のはたらきかけを正当化するための仮構概念である。ちなみに、教育学者のモレンハウアー（Mollenhauer, Klaus 1928-98）は、「陶冶可能性が何であるのかを知ることは不可能である」と述べている（Mollenhauer 1985/1987: 95）。陶冶を形象なき象りととらえなおすなら、その可能性は、次章で確認するように、存在論的な「想像力」によって与えられる、と考えられる。

確認したいことは、形象なき象りが始まる契機が通念からの異化であることである。通念からの異化の開始点は、通念に対する切実な違和感・嫌悪感である。制度化され正当化され、社会的に疑われていない習俗を「懐疑」することである。たとえば、人から褒められると嬉しいが、顕彰賞賛されることは本当に大切なことか。自分のいのちは自分で護るべきだが、自己利益は何よりも重要なことか。秩序は維持されるべきだが、道徳規範に従うことは道徳的なことか。ちなみに、画家のマグリット（Magritte, René 1898-1967）は、自分で描いたパイプに「これはパイプではない」（*Ceci n'est pas une pipe.*）というキャプションをつけた。固定された意味を棚上げしてみようと。

事実的な意味においては、懐疑と信は、水と油ほど相容れないが、人が実際に生きる現実的な意味においては、懐疑をまったく欠いた信など、ほとんどありえないだろう。もしもあるとすれば、それは危険きわまりない。人が篤く信じている正しさ、すなわちさまざまな規範の正しさは、暴力を秘めているからである。正しさへの懐疑は、そうした暴力を緩め、よりよい正しさに向かうために行われる。ほのかにであれ、〈よりよく生きようとする〉力がなければ、すでに制度化され正当化された正しさへの懐疑は、生じない。

陶冶概念を読みかえる

思うに、異化・懐疑を妨げる最たるものは、人は「自己」をもち、「自己」に従って行為する存在者である、という信ではないだろうか。たしかに、同一性としての「自己」を構成することはできるが、私たちは、その「自己」の思考・意図に従って語り行っているだろうか。むしろ「私」がおのずから語り行ったあとで、もっともらしく、そう思考し意図してそうした、と考えていないだろうか。この「自己」は、固有本来性である「私」ではなく、「私」のうえに書き込まれた通念に染まる記憶ではないだろうか。

次章で「白樺」の例で示すが、さしあたり端的にいえば、「私」という同じものと「自己」という同一性は、区別されるべきである。「自己」を問う問いを可能にしているのが、「私」である。知覚すなわち意識で構成される「自己」に隠されがちであるが、そうした知覚・意識・「自己」の前提として、感覚すなわち感受されている「私」が在る。この「私」は、知覚されないので意識によって象られないが、他の「私」とともに在る。ひょっとすると、かつて「霊性」と呼ばれたものは、この「私」の一つのはたらきだったのだろうか。

ちなみに、さきにラテン語の「スピリトゥス」の翻訳がドイツ語の「ガイスト」(Geist)であると述べたが、その形容詞形である「ガイストリヒ」(geistlich)は、エックハルトの語用法などを見ているかぎり、おそくとも一三世紀あたりから、「自己」の外に向かうことだけでなく、すでに「意識的」を意味していたように思える。それは、本来の「霊性的」と対立する語用法である。「意識的」は、「ガイスティヒ」(geistig 精神的)のように、意図し思惑する「自己」を呼び寄せるからである。端的にいえば、存在論の特質は、「自己」を素朴に前提にする実在論への執拗な傾きに敢えて抗うことである。

ようするに、ドイツ教育学に固有な概念と考えられてきた陶冶のいわば前身に、エックハルトの、もっとさかのぼれば、トマス、アウグスティヌスのメタノイアを見いだすとき、陶冶は、通念としての教育に類似するふつうの概念から、超越に向かうダイナミズムを秘めた感覚の概念へと、翻案される。この翻案の可能性は、たんなる可能性であるが、それでも、キリスト教思想という文脈をあてがうことによって、戦後日本における陶冶概念の変形を照射することに役立つだろう。ただし、問われるべきは、そうした意味の変形そのものではなく、それが存在論的思考を欠落させていることである。

3

何が「経験」と呼ばれるのか――人の自然の想像力

Chapter 3 What is Called "Experience"?: Imagination of Natura Humana

〈概要〉　本章では、「経験」が意味するところを考えてみよう。経験を「知覚」ではなく「感覚」に結びつけるとき、私たちは、その営みに存在論的思考の礎を見いだせるだろう。まず、ハイデガーに助けられながら、カントの経験概念を存在論的に読みかえる可能性を示す。次に、そうすることで示される存在論的な経験の概念が、デューイの経験の概念と少なからず重なることを示す。最後に、存在論的な経験の概念のもつ豊かさを「生動性」として示し、この生動的な経験が、アリストテレスの「フュシス」、アウグスティヌスの「ナトゥーラ」の現れとしての、すなわちおのずから然る力の現れとしての「想像力」を喚起する、と論じる。

1　「知覚」と「感覚」

分けてまとめるという思考

「経験」は、教育を語るうえでもっとも重要な概念の一つであるが、教育学における「経験」は、よく知られている「経験論」と「観念論」の対立、「現象学」と「実在論」の対立、「機能」と「実体」の区別などを反映し、よくわからなくなっている。「経験とは何か」という問いにもっともらしく答えようとすれば、どのような思想的立場における「経験」の意味をたずねているのか、と問いなおさなければ、答えられない。

そのようなさまざまな思想的立場の「経験」概念を列挙し区別し総合することは、大切な仕事だろうが、ここでは、そのかわりに、もっとも基本的な事実を確認したい。すなわち、何が「経験」を可能にしているのか、である。端的にいえば、それは「思考」(cogitare/pensare) である。むろん、思考も多義的な概念であるが、その基本は、分けてまとめることである、と考えてみよう。いいかえれば、区別しかつ総合することである、と。

たとえば、見たことのある形と見たことのない形を分けること。柔らかいものと堅いものを分けること。快い音とそうでない音を分けること。好きな匂いとそうではない匂いを分けること。そして、こうした分けられたものを、何かとして一つにまとめること。たとえば、幼い子どもにとって、かけがえのない親の顔は、その形状、触覚、声色、匂いとともに、おそらく最初に他のものから分けられ、かつ一つにまとめられたかたちだろう。

この、分けてまとめるという、思考の基本的な営みを踏まえつつ、「経験」の成り立ちを、ごく大まかに描いてみよう。

世界という像

「経験」は、「知覚」に支えられた「直接経験」でもあれば、「言葉」に支えられた「間接経験」でもある。直接経験は、知覚することであり、いわゆる「五感」に支えられている。間接経験は、語句・文章を読んで、ある情景を思い浮かべたり、他人の感じている辛さや悲しみを思い遣ったりすることであり、思考の営みである。どちらもありふれた「知る」である。

むろん、この直接的に経験することと、間接的に経験することは、区別されるが、連動している。知覚が「世界」というまとまりを作りだすように、言葉も「世界」というまとまりを作りだす。言葉が作りだす「世界」は、知覚が作りだす「世界」に支えられているし、知覚が作りだす「世界」も、言葉が作りだす「世界」に支えられている。どちらの「世界」も、私たちの意識のなかにある像――すなわち「世界像」(Weltbild)――である。

経験と不可分であるこの世界像は、対象を中心にした広がりである。たとえば、海を見ているときに眼を閉じると、今まで見ていた海が、脳裏に浮かびあがる。そこには、海だけでなく、空も、太陽も、波の音も、浮かぶ小舟も、岩礁も、ふくまれている。私たちは、何かを見ているとき、そのまわりにあるものも、一緒に見ている。この対象とそれにかかわるもののまとまりが、世界像という広がりである。同じことは、海について書かれた文章を読んでいるときにも、生じる。それは、言葉の文脈である。

「知覚」と「感覚」

まず、カントがいう「経験」の意味を確かめておこう。カントは、『純粋理性批判』において、「経験(Erfahrung)とは、確かめられた知(empirisches Erkenntnis)であり……知覚されたもの(Wahrnehmungen)に依りつつ対象を[これこれであると]規定する知ること(Erkenntnis)である」と述べている(KW 3, KrV: B218)。つまり、カントにとっての経験は、対象を確かなものとして意識的に知ること、すなわち言葉で「規定する」ことである。

カントにとって、こうした経験の基礎は「知覚する」(wahrnehmen)ことである。いわゆる「五感」――視る・聞く・嗅ぐ・味わう・触れる――である。それは、外界を受容する知覚器官のはたらきを、心が意識することであり、知覚されたものは、次つぎに心に現れて、次つぎに消えていく。知覚されたものという心的な事象は、どれが先に現れて消えるのか、という時間的順序によってのみ、区別されている。知覚されたものそれ自体は、どれが重要であるか、という意味・価値づけを何もともなっていない。

このような「知覚」は、「感覚」から区別される。ここでいう「感覚」は「感覚(感受)する」(sentir)という営みであり、心身がだれか・何かに向かい、それを受容することである。この感覚されたものは、心身全体に属しているが、知覚されたものは、意識に属している。心身に属する感覚されたものは、意識に属する知覚されたものを支えている裾野のようなものである。現代英語で無理にふりわければ、知覚はperception、感覚はsenseである。私には、カントが、経験を、意識内現象としての知覚に結びつけ、心身的受容としての感覚に結びつけていない、ように見える(この感覚については、あとで再論する)。

しかし、経験を、知覚ではなく感覚に結びつけるとき、私たちは、経験に存在論的思考の礎を見いだせるだろう。以下、まず、カントの経験概念を存在論的に読み替える可能性を示そう。ハイデガーに助けられながら。次に、そこに示される存在論的な経験概念が、デューイの経験概念と少なからず重なることを示そう。最後に、存在論的な経験概念のもつ豊かさを「生動性」として示し、生動性に満ちた経験が、アリストテレスの「フュシス」(physis)、アウグスティヌスの「ナトゥーラ」(natura)の想像力、すなわちおのずから生じる想像＝超越を可能にする契機である、と論じよう。

2　経験を支える想像力

排除された「感覚」

まず確認するなら、カントは、先に述べた「感覚」にあたる営みを知っている。それは、カントが「エンプフィンドゥング」(Empfindung)と形容する営みであり、およそ「感覚」と訳されている。「私たちが対象に触発される場合、その対象が私たちの理念を構成する力を支えるはたらきが、感覚(Empfindung)である」(KW 3, KrV: B34)。そして、この感覚の意識されるはたらきが、「ジンリッヒカイト」(Sinnlichkeit)と呼ばれている。これは、しばしば「感性」と訳されるが、私は「感受性」と訳す。この感受性は、「私たちが対象に触発されること」を可能にする営み、いいかえれば「直観」(Anschauung この人(物)をとらえること)を可能にする営みであり、基本的に外界から固有な何かを「受容すること」(Rezeptivität)である(KW 3, KrV: B33)。

しかし、カントにおいては、この「感覚」は、「直観」の前提として語られるだけである。「直観」は、「概念」(Begriff 抽象的・一般的な意味をとらえること)から区別される営みである。直観は、たとえば、卒業写真を見て、「複数の人が写っている」と概念的にわかることではなく、「あ、これは○○さんだ、こっちは××くん……」と固有的にだれかがわかることである。「感性論」と訳される「エステティーク」(Ästhetik)は、カントの理性論の基礎であり、その主題が、この直観であるが、それは「感覚に属するものをまったくふくんでいない」それ、すなわち「純粋直観」(reine Anschauung)である(KW 3, KrV: B35-6)。それは、事物を存立可能にしている「空間それ自体」、また「時間それ自体」をとらえることである(!)。

カントは、「感覚」を排除することで、このエステティーク(「感じるとはどういうことか」という議論)が「超越論的」(transzendentale)になると考えているが、それは「存在論的」(ontologische)になることではない。逆に、「存在」に向かう存在論的思考は、カントが排除した「感覚」を必要としている。その「感覚」の取り戻し方を、「想像力」「時間性」

という概念を用いて暗示しているのが、ハイデガーのカント批判論解釈である。

想像力という存在論的な力

ハイデガーは、『カントの純粋理性批判の現象学的解釈』(1975[1927/8]) において、カントのいう「純粋理性」に存在論的思考を見いだしている。その試みの中心に位置するものが、カントのいう「想像力」(Einbildungskraft) である(しばしば「構想力」と訳される)。原語の直訳は「[一つではないものを] 一つに象る力」であり、スコラ学のいう「イマギナティオ」(imaginatio) の翻訳語である (GA 25, PIK: 278)。カントは、「想像力は、直観された多様なものを一つの像にまとめること」であると述べ (KW 3, KrV: A120)、ハイデガーは、この「一つに象ること (Ein-bildung) は……純粋なかたち (Anblick) を自由に創りだすことである」と解釈している (GA 25, PIK: 415)。

ハイデガーは、この想像力に、キリスト教の「神」の創造力に類比されるものを見いだすとともに、それを「存在論的な根本能力」と形容している。むろん、人の想像力は、『聖書』に記された「光、在れ」と言った「神」のように、何かを言えば、実際にその何かが実在するような、とてつもない創造力ではない。しかし、それでも、人の想像力は、「『自然』という領域の全体を自由に駆け抜ける可能性を構成する」と、ハイデガーは考えている。すなわち、想像力は、「創出的であり、[人に] 自由を与えるものであり、自由に『何か』を創作する力である。つまり……存在論的な根本能力である」と (GA 25, PIK: 416)。

ハイデガーから見れば、この想像力は、はっきりと区別される二つの営み、さかのぼれば、アリストテレスのいうアイステーシスとノエシスにいたる、カントの直観と知性をともに成り立たせる、人の基礎的営為である。つまり、想像力は、存在論的に思考するための基礎である。しかし、ハイデガーから見れば、「カントは、想像力の［直観と知性を束ねる］中心的なはたらきに気づきながらも、想像力の基礎存在論的解釈を明示できなかった」(GA 25, PIK: 280)。ここでは、なぜできなかったのか、その理由は詮索せずに、ハイデガーの解釈する想像力がどのようなものか、その内容を確かめよう。

想像力は思考と一体である

ハイデガーは、直観と知性の本質が想像力であるように、カントのいう「純粋直観」(「私は感じる」)と「純粋知性」(「私は考える」)の本質は「純粋想像力」(「私は想像する」)である、という。ハイデガーにとって、この純粋想像力は、すでに具体的に知っていることにまだ関係づけられないという意味で「純粋」であり、いわば裸形のかたちであらたに何かを「創出する想像力」(produktive Einbildungskraft)である。この「純粋想像力は、アプリオリである。それは、示されるべきものを、主体の能力から完全に自由に、［具体的に］見えるように示す」(GA 25, PIK: 413)。

私たちは、何か見知らぬものに接するとき、対面しているその何かをとりまく「まとまり」(Zusammen)をいつも象っている。いいかえれば、私たちの経験は、知覚という認識ではなく、知覚を越えて生じる何らかの「まとまり」という言語的な「知」である。カントが「シノプシス」(Synopsis)と呼んだ、このまとまり、すなわち文脈としての知は、言語による「思考」という営みによって生じる。成り立ち・原因結果を推測したり、想像したり、断定したりすること、つまり何かを意味づけることによって。

たとえば、夜更けに街灯も民家もない山道をクルマで走っているとき、暗闇のなかに、明るいものが見えてきて、やがて消え、また現れるとき、その明るいものは、知覚されたものである。私たちは、その明るいものを、ただちに意味づけようと試みる。いいかえれば、どのようにその明るいものが生じたのか、そして消えたのか、その原因―結果を考える。たとえば、それは、遠くを走っているクルマのヘッドライトが、森のなかから現れ、また森のなかに隠されていった、というように。このように因果的に意味づけられたものが「まとまり」という知であり、原因―結果は、つねに言語的である。

想像力は時間性と一体である

ハイデガーは、こうした「まとまり」を象る想像力は「時間」(Zeit) に支えられているといい、カントも、たしかに時間を純粋に直観されるものとして重視している。カントの「時間」は、次から次に何かが起こりつづけること、つまり今・今・今・……と今が継起することである。とりとめもなく浮かんでは消える思考の営みは、たしかにこの時間と一体である。もしも時間がなければ、世界は静止するが、静止したままの「現実」などありえない。何かが「現実」であるかぎり、その何かは、つねに継起している。

ハイデガーは、こうしたカントの時間概念を踏まえつつも、想像力が、この今の継起、つまりさまざまな今を一つにまとめ支えているという。それは、たとえば、今日の「私」、昨日の「私」、一年前の「私」……を、一つの「私」としてまとめ支えることである。このそうした時間の「広がり」(Erstreckung) を、ハイデガーは「根源的時間」ないし「時間性」と呼ぶ。「想像力は、それ自体、時間である。つまり、私たちが時間性 (Zeitlichkeit) と呼ぶ、根源的時間 (ursprüngliche Zeit) という意味のそれである」と (GA 25, PIK: 342)。この時間性が「根源的時間」と形容されるのは、それが、現実的な今・今・今・……という今の知覚の継起を可能にしているからである。

つまり、今というある時点を現実的に知覚可能にしているのは、その文脈のような時間性である。カントのいう今の継起は、物理的時間、いわばクロノスの〈時〉であり、事実的であるが、ハイデガーのいう今の継起は、実存的時間、いわばカイロスの〈時〉であり、現実的である。事実的は、この「私」とは無関係なままの現在形であることであり、現実的は、この「私」にとっての過去形かつ進行形であることである。たとえば、試験会場の時計が刻む時間は事実的であり、焦っている受験生が感じる時間は現実的である。

時間性は、ハイデガーの『存在と時間』に立ち返っていえば、一人ひとりの「私」の「もっとも固有に存在可能であること」(eigenste Seinkönnen) と一体である (SZ: 144)。一人ひとりのだれもが、もっとも固有に生きようとしているが、それは、往々にして覆い隠されている。それでも、もっとも固有な生を求めないという人はいないだろう。「私」は何をなすべきか、どう生きるべきか、多くの人が過去をふりかえり、未来を想いながら、生きている。人に想像力が贈られているのは、本来、自分に固有な生を象るためであり、つまらないことをあれこれ思い悩むためではない。つまり、一人ひとりは、固有に、時間性のもとで想像力を広げ、自由に自分を創出する。

感覚と感受性

いわゆる時間から区別されるこうした時間性は、いわゆる知覚から区別される感覚と同じ位相にある。感覚は、時間性と同じように、それそのものとしては把握されない。感覚のはたらきが、基本的に他者・世界を受容することであるなら、また、ハイデガーがいうように「知るとはそもそも受容すること」であり、「この受容は感覚によって規定される知覚において生じる」なら (GA 31, VWmF: 154)、感覚は、他者・世界を受容すること、といいかえられる。その感覚の受容は、「自己」の枠を超えて外に開かれている。

人の感覚の受容、すなわち感受性の端的な例を、ハイデガーの『ニーチェ I』から引いておこう。ハイデガーは、そこで、牧場の斜面に立つ一本の白樺の木を「経験する」ことを語っている。私がその白樺を見る時刻、季節、気分によって、その色彩、色調、明暗、風情といった「知覚」は変わるが、それは「同じ」(gleich) 白樺である。しかし、それは「事後的な比較によって、『同じ』であると確認されることで『同じ』なのではない。逆に、私たちは、その木に近づくとき、そのつど、はじめから同じものに目を向けて、近づく」。すなわち「私たちは、与えられたもののそのつどの［知覚的な］多様さを越えて、その与えられたものに実在しないもの、すなわち『同じもの』、そのものさ (Selbiges) を定立し［＝感受し］、そのかぎりで、情景が変転するという魅力を経験しうる」(GA 6. 1, NI: 525; cf. 門脇 2010: 94-5 傍点は引用者)。この知覚を越えて同じものを感じることが、感受性である。

ちなみに、この感受性は、「同じ」(したがって「違い」) だけでなく、「つながり」(したがって「無縁」) も生みだしている。つながりないし「関係性」(relatedness) は、いわゆる「関係」(relation)、すなわち上下関係、権力関係、人間関係といわれる多様なそれから事後的に構成される、自他の置かれている状態ではなく、私たちが、だれか・何かに向かうとき、はじめから、そこに「そのもの」として定立（感受）されていることである（その意味で、関係性は、relatedness［すでにつながっていること］と形容される）。

感受性に支えられた経験へ

知覚・直観を基礎にするカントの経験概念は、この感受性の開かれのなかで、主体がもう一つの主体に対面・対峙しつつ立っているという事態を想定していない。いいかえれば、主体と、「客体」とされるだれかが同じ感受性の広がりという土俵のうえに在る、と考えていない。つきつめていえば、感受性が「自己」を超えて開かれ、広がっていることを、埒外においている。カントのいうシノプシスという「まとまり」は、この感受性の広がりではなく、言語的な意味に彩られた「まとまり」である。

このように考えられるなら、カントの経験概念に欠けるものは、感覚（感受性）による人の存在論的な超越である。人が、感覚的に想像することにおいて、いわば「心に翼を授けられて」、孤立し内閉する「自己」を超越することである。主体と客体は、たしかに異なるが、無縁なまま孤立していない。主体は、「客体」をもう一つの主体としつつ、それに感覚的にかかわっている。「客体」は、人であれ、猫であれ、草花であれ、主体の視界のなかに位置するモノではなく、感受されつつ存在する他の主体である。

ようするに、経験の根底に他者をおのずから感受する感覚をおき、その感覚のなかに「自己」を超える想像力を見いだすとき、経験は、人が「自己」を越えて、自分と他者をつなぐ「存在」を感受しつつ、もっとも固有的に自分を創出することである、と措定される。こうした経験概念は、「プラグマティズム」を論じているという意味で、ハイデガーの対極に位置するように見えるデューイの思想にも見いだされる。

3　アニミズムと感受

デューイの「経験」をめぐって

アメリカの哲学者バーンスタイン（Bernstein, Richard J.）は、二〇一〇年の『プラグマティックな転回』において、「言語論的転回のあとでプラグマティックな姿勢を貫こうと思うなら、経験の意義についての深く細やかな理解が必要になる」と述べている（Bernstein 2010/2017: 195）。「言語論的転回」とは、実体としての理念が思考を規定すると考えず、言語の用法が思考を規定するという考え方に向かうことである。ようするに、適切な言葉の使い方をすれば、「哲学の問題」は解消されるだろうという考え方であるが、何が「適切な言葉の使い方」なのかをめぐり、色々な立場がある。

バーンスタインが言及している言語論は、同じアメリカの哲学者ローティ（Rorty, Richard）が主唱したそれである。ローティは、「経験」という言葉が多義的・神秘的な意味で使われ、怪しくなっている、と考えていた。とりわけ、デューイの「経験」の用法にそうした傾向を見いだし、デューイはこの言葉を使うべきではなかった、と論じている。たしかにデューイは、「経験」「コミュニケーション」「トランザクション」といった言葉を明確に定義せずに多用している。ローティには、それらがまるマジックワードのように思えたのだろう。これに対し、バーンスタインは、経験の概念を捨ててしまうよりも、この概念を適切に用いることが大切である、という。

私は、バーンスタインの考えに賛成する。私は、ローティが危うさを感じたことに、むしろデューイの豊かさを感じる。それが彼の感覚のなせるわざであるなら、ローティは、デューイに対峙していない、といえるだろう。

「経験の再構成」

バーンスタインの意に沿うかどうかわからないが、ここで、デューイの経験概念を存在論に傾けて理解してみよう。まず注目することは、デューイが、一八九七年の「私の教育学的信条」において、「教育は、経験の継続的な再構成（continuing reconstruction of experience）として把握されるべきである」と述べていることである（CWD, ew. 5, MPC: 91）。同じように、四〇年後の一九三八年に出版された『経験と教育』において、「教えると学ぶは、経験の再構成の継続的な過程（continuous process of reconstruction of experience）である」と述べていることである（CWD, lw. 13, EE: 59）。しかし、どちらにおいても、デューイは、この「経験の再構成」を明確に規定していない。

デューイにとって「経験の再構成」は、重要な概念である。それが、「科学的事象」と「原初的経験」（primary experience）を結びつけ、科学的操作・テクノロジーを「人間的気遣い」と結びつけるからである。「科学的事象が原初的経験と結びついていることが無視されるとき、その結果として生じることは、事物の世界像が人間的気遣い（human interests）から無縁なものとなることである。科学的事象が、まるごと経験から隔てられるからである。それは、たんに疎外され孤立するだけではない。それは、経験に対立する立場に置かれる。つまり……心の豊かさを抑圧し、想像力を麻痺させる源泉となる」と（CWD, lw. 1, EN: 20 interest を「気遣い」と訳す理由は後述する）。

デューイのいう「原初的経験」は、人が言葉で分節し理解することとしての「派生的経験」（secondary experience）に先行し、その種の経験を可能にしている、感覚による経験である。デューイは、この原初的経験を支えているものを「全体」（whole）と形容し、「自然の本質」（nature of nature）とも形容している（CWD, lw. 1, EN: 16, 18, 201）。さて、この「全体」とは何か。

全体のなかの相互浸透

「全体」は、言語によって分節されていない「まとまり」である。このまとまりは、人が「感受する」（aweare）ことである。「感受」は、心理学用語の「知覚」（*awareness*）から区別される「気づき」（awareness）であり、いわゆる「感じ」（feeling）、「直観」（intuition）に重なる（CWD, lw. 1, EN: 228）。この感受されるものの「全体」は、語りえない。それが、存在者に先行する「存在」のように、言語で分節される前の状態、つまり生成変化する状態だからである。人にできることは、この生成変化するものを「心」（mind）で感受し、「全体」というぼんやりとした「象り」（image）を生みだすことである。

意識が、この「全体」を踏まえてはたらくとき、物（生きものをふくむ）は、人に応答し、人と通じあう。デューイは、この通じあいを、人と物の「相互浸透」(interpenetration)と形容している(CWD, lw. 1, EN: 265)。ちなみに、interpenetrationは、ギリシア語の「ペリコレーシス」(perichoresis)、ラテン語の「キルクミンケシオ」(circumincessio)の翻訳であり、それは、「三位一体」、すなわち「父」(神)/「子」(イエス)/「聖霊」(スピリトゥス・サンクトゥス)が、それぞれに固有の存在者でありながら、「位格」(ペルソナ)であることにおいて「通じあう」ことを意味している。

デューイにとって、人と物が通じあうことは、むろん「位格」において生じることではなく、人と物の「相互活動」(interaction)ないし「相関活動」(transaction)において生じることである。「相互活動」とは、人と物が相互に呼応しあうことである(CWD, lw. 12, L: 69)。それは、人の物へのはたらきかけ(呼びかけ)が、物の人への受け応えを生みだし、それがまた、人の物へのはたらきかけを生みだし、それがまた……という繰りかえしである。たとえば、「音色[という物]と聴くという感受は、それらが適切に相互活動するなら、音楽を成り立たせる道具となる」(CWD, lw. 1, EN: 276)。

このように、人と物が、人と人の場合と同じように相互浸透し呼応しあうことが、デューイのいう「コミュニケーション」である。それは、情報の伝達でもなければ、折伏の方途でもない。結果としてそうなるとしても。

コミュニケーションという想像的驚異

デューイにとって、この「コミュニケーション」は、人為のなかでももっとも驚異的な営みである。「すべての事象のなかで、コミュニケーションは最大の驚異である。すなわち、物がなしうることは外在的に押したり引いたりすることであるというとらえ方を、物自体が人に露わとなり、かつそれら自体にも露わとなるというとらえ方に移すこと、このコミュニケーションの成果が[人の物・人への]参入であり[人と物・人の]分かちあいであるということ、これは驚異である」(CWD, lw. 1, EN: 132)。

デューイにとって、こうした人為の驚異としてのコミュニケーションは、しかし神秘的ではない。というのも、こうしたコミュニケーションを可能にしているのは、人の「想像力」(imagination) だからである。「[自然の最小単位である] 出来事 (events) の意味は、想像力のなかで、限りなく結びつけられ、再配置される。そして、このような内在的試み――すなわち思想 (thought) ――の成果は、素朴で無垢な事象と [人] の相互活動のなかから湧出するものである」。その成果が「表象、代用、象徴、含意」であり、これらによって「出来事は、最初の状態よりもはるかに処理しやすいもの、持続可能なもの、通用するものとなる」(CWD, lw. 1, EN: 132)。

そして、この想像力によって概念が生じるということが、教育という営みを可能にする。出来事を意味として成り立たせるすその (文脈) は、想像力の産物だからであり、学ぶことも教えることも、このすその成立に支えられているからである。「学び、教えることが [人という] 存在者のなかに現れるとき、どのような出来事も、知見 (information 原義は「よく象られたもの」) を生みだす」。人を「完全化」ないし「充全化」に向けて生き生きと活動させるうえで不可欠なものが、この出来事が示す知見である (CWD, lw. 1, EN: 133)。

記号とともに参入的に知る

コミュニケーションの存立条件である想像力は、意味の「協同」(association)、すなわちある意味 (言葉) を他の意味 (言葉) と結びつける。それが「言語活動」(language) であり、それは「人間的協同 (human association) という自然な営みである」(CWD, lw. 1, EN: 137)。それは、現実に生じた出来事を人が「考える」という営みであり、それが出来事を「記号」(sign 事物を指し示すもの) に変える。デューイのいう記号は、たんなる標しではなく、人が「参入的」

に知るなかで生じる意味である。

たとえば、農夫が鶏に餌を与えるために、腕を上げるとき、鶏は、反射的に逃げるが、すぐ戻ってくる。そして、その動作を何回も繰りかえす。鶏にとって、農夫の動作は、外からの刺激、外にあるものにとどまる。これに対し、人は、他者の動作を「斟酌する」(discount)。「その動作[の背景]に入り込み、それを出来事(events)ととらえ、それに備える」。他者の動作の動因を想像し、動作をその動因の「記号」ととらえる。「鶏の活動は自己中心的であるが、人間存在のそれは参入的(participative)である」(CWD, lw. 1, EN: 140)。

言語活動の核心は、先行する何かの『表現』(expression)ではなく、コミュニケーションである。コミュニケーションは、それぞれの何かに対する活動のなかで「共営為」(cooperation 協同)が確立されることであり、「この活動のなかに相手(partners)がいること」である。この共営為が、デューイのいう「関係性」(relationship)である(CWD, lw. 1, EN: 141, 145)。たとえば、子どもの意図と教師の意図が牽制しあうことで教育活動が「修正され規制される」のではなく、それぞれの思考が教材(物)からの応答によって「修正され規制される」。つまり、子どもと教師の「共営為」は、たんなる双方の「協力」ではなく、世界に対する固有な経験の「分かちあい」である。

インタレストは興味ではない

コミュニケーションはまた、デューイが「インタレスト」(interest)と呼ぶものにも見いだされる。インタレストは、しばしば「興味」と訳されてきたが、日本語の「興味」は、基本的に「自己」の志向性、何かに向かう「自己」である。しかし、デューイにとってインタレストは、もともとラテン語のinteresse(インテレッセ)であり、直訳すれば「あいだ・内に在る」である。たとえば、mihi interest(それは私の内にある)といわれるように。つまり、人が意識し注意するまえにすでに何かと結びついている状態(relatedness)である。

デューイは、一九一六年の『デモクラシーと教育』において interest と concern(気遣い)は同義であると言い、「interest や concern が意味しているのは、自己と世界が結ばれていることであり、それぞれが展開しつづける情況のなかにあることである」と述べている。interest は「たんにある事物がある人の利益/損害、成功/失敗に影響する」ことを意味しているのではなく、「その語源が示しているように、あいだに在ること、もともと隔てられている二つのものを結びつけることを意味している」と(CWD, mw. 9, DE: 132-4)。

デューイはまた、一九一三年の「教育におけるインタレストと努力」において「interest が記し示すことは、人と物の隔たりを無化することであり、その人間の活動がもたらすものである。つまり、interest は、生体的一体性(organic union)を意味している」と述べている(CWD, mw. 7, IEE: 160)。「生体的一体性」は、ある生体に内属する諸器官が相互に支えあい、その生体全体を存続させること、つまりいのちの基本的様態である。

アニミズムとおのずから感受すること

こうした、デューイのいうコミュニケーション概念は、「アニミズム」に通じている。デューイは、「アニミズム、いのちをもたないものに自分の望みや意図を見いだすことは、心理現象としての神秘的な[自己]投影ではない。そう考えることは、自然の事実の誤った解釈である。[人に何かを]指示する物は、目的や遂行が[その物と人において]分かちあわれ、社会的である情況において、実際に何かをふくみもつ物である」と述べている。

デューイは、アニミズムを肯定している。「……言葉は、物の指示的な帰結を表現するとされるが、なぜ言葉が直接に物にはたらきかけ、その潜在的な諸力を解放するとしてはならないのか。私たちは、物を名前で『呼ぶ』

が、なぜ、物が応えるといってはならないのか。……つまり『アニミズム』は、社会的情況の内実を、自然な物と人の直接的関係性にそのまま見いだすことで、生じる」。それは、自然の事実に一致している。「すべての物は、潜在的に呼応可能性（communicability）を秘めている」（CWD, lw. 1, EN: 141-2）。

デューイのいうアニミズムは、万物に生命としてのアニマを見いだす汎アニマ論である、と考えるならば、それは、怪しい神秘主義に見えるだろう。しかし、デューイのアニミズムは、物にナトゥーラ（natura）、すなわちおのずから然る呼応可能性・相互浸透力を見いだすことである、と考えるべきだろう。人の本質としてのアニマは、おのずから感受し、呼応することである、と。

まとめておこう。デューイのいう経験は、人が、相互活動のなかで、「自己」を越えて、すなわちコミュニケーション、相互浸透することで、自分と他者をつなぐ「全体」が象られることである。ハイデガーのいう「存在」にくらべれば、デューイのいう「全体」は、受動的である情感よりも、能動的である行為に傾いているが、それでも、それは、想像によって「自己」を越えるという意味で、ハイデガーのいう「存在」と似た位相にあるといえるだろう。

4　おのずから想像する

参入と気遣い

最後に確認したいことは、デューイのいう「参入」と、ハイデガーのいう「気遣い」が、おのずから感受するという意味で重なることである。人の言動は、ときに、おのずから感受するという様態を示している。たとえば、子どもたちは、「環境問題」の授業で、ある種の生きものが乱獲、汚染、外来種流入などによって絶滅しかけていることを知ると、「なんとかできないのか」「どうしてそんなことが」と考え始める。子どもたちは、自分と無関係な生きものの絶滅を「痛ましい」とおのずから感じている。

この「痛ましさ」を感じることは、デューイが「参入」と形容した営みだろうし、古い言葉を使えば、「受苦」（パトス pathos）と言い換えられるだろう。そしてそれはまた、ハイデガーが『存在と時間』で「気遣い」（Sorge）と形容した営みの契機だろう（SZ: 57, 121-2）。「気遣い」は、「自己」を超越し他者とともに在ること、「存在」の呼び声に聴従する（応答する）ことである。こうした「参入」も「気遣い」も、想像的に感受することをおのずから然ることと見なしている。すなわち、「人の自然《じねん》」と見なしている。

第2節でふれたデューイの「経験の再構成」に立ち返っていえば、デューイが危惧したことは、この「参入」、すなわち「原初的経験」を忘却することで、哲学思想のみならず、科学技術が、たとえば、暴力にさらされた一命の「痛ましさ」をみずからの思考の基礎に置かなくなることだろう。そうであるなら、デューイのいう「経験の再構成」は、彼が念頭に置いていただろうカントの経験概念に、「参入」という感覚的・感受的な営みを呼び戻し、経験概念をよりよく作りなおすことであったと考えられる。その「参入」は、いわば、たった一つのいのちのかけがえのなさを感じることに直結するはずである。

人の自然の想像力

もう一つ、デューイのいう「自然」の概念についても、確認しておこう。おそらく、デューイのいう「自然」は、利用し活用する対象としてのいわゆる「自然」ではなく、少なくとも「おのずから然る」ことであり、その意味で、アリストテレスのいう「自然」（フュシス physis）、ないしアウグスティヌスの「自然」（ナトゥーラ natura）に近い、といえるだろう。

ちなみに、ハイデガーの「存在」は、『存在と時間』の後に、アリストテレス、アウグスティヌスの「自然」をふくみもつようになった。ハイデガーは、たとえば、一九三〇年の『形而上学の根本概念』において「フュシス」を「存在者が、全体のなかで自分を形成しつつ支配すること」と規定し、「神的存在者さえもふくむ根源的な意味」をもつ、と述べている(GA 29/30, GM: 39)。一九二九年の『哲学入門』では、「現存在は、超越しつつあるものとして自然(Natur)であり、この自然にすっかり支配され、すっかり気分づけられている」と述べている(GA 27, EP: 328-9)。「ナトゥーラ」は「生成するもの、おのずから然るもの(von sich her)、自由な自己としての現存在が操りえないもの」であり、「現存在は、何よりもまず自然に位置づけられつつ自然に対し自由にかかわっている」と(GA 27, EP: 329)。キリスト教思想と深くかかわる「存在」が、ギリシア哲学の「自然」をふくみもつようになった、といえるだろうか。

なお、このような「自然」は、ルソーのいう「自然」(nature)、啓蒙思想のそれではない。たとえば、ルソーのいう「自然人」(l'homme naturel)は「想像力」(imagination)によって「自己」(même)を越えない。たしかにルソーは、『不平等起源論』において、想像力が人を「自己」の外に連れだすと論じている。バチコの言葉を引けば、「自己から他者への移行は、ただ想像力によってのみ可能である」と。しかし、この想像力豊かな人は、「自然人」ではなく「社会人」(l'homme social)である(Baczko 1978: 94/95)。ルソーにおいて、「自己」の外にあるのは、「社会」である。

ともあれ、「人の自然」(「存在」?)の現れとしての想像力は、本来的に生き生きしたものだろう。生動的な想像力を喚起しない経験は、少なくとも「存在論的経験」の名に値しないだろう。さしあたり、ハイデガーとデューイの議論を踏まえつつ——充分なすりあわせをしていないが——規定するなら、存在論的経験は、「人の自然」の現れである想像力を喚起するコミュニケーション(呼応としての相互活動)のなかに生じる。その想像力は、知覚を支える感覚、時間を支える時間性が浮かびあがらせる、「自己」を越える「感受性の広がり」にひとしいだろう。

これについては、第5章で再論することにし、次章では「知性」を取りあげよう。

4 何が「知性」と呼ばれるのか——見えない全体を象る

Chapter 4 What is Called "Intelligence"?: Imaging the Unseenable Whole

〈概要〉本章では、近代の知性概念をより豊かなものにずらすために、一つの対案として、デューイの知性概念を示したい。デューイの知性概念は、人が個人であることを越えて「全体」を想像し、相手と「呼応」するという営みである。この知性は、内的実体としての能力ではなく、想像される「全体」に参入したままに、同じく全体に属する他者と「呼応」する力である。このような知性概念のもとでは、「理性」も、内的実体ではなく、知性のベクトルを支える方法であり、「道徳」も、規範ではなく、知性をはたらかせるなかに生じる生の様態である。こうしたデューイの知性概念は、「全体」という〈見えないもの〉を象るという意味で、アウグスティヌスのいう知性（インテレクトゥス）概念に似ている。

1 「対象」と「出来」

出会いという出来事

私たちのまわりは、出来事だらけである。電車に乗っていても、歩いていても、自宅にいても。出来事は、「私」

の意図・思惑がもたらした結果ではない。だれかの意図・思惑がもたらした結果であっても、「私」の与り知らないことで「私」が気づくことなら、それは出来事である。そもそも、「私」の始まりである「私」の出生自体が、「私」の意図・思惑とは無縁の出来事である。出来事は、偶然であれ、必然であれ、ものごとないし世界が「私」の意図・思惑を超えていることを暗示している。

出来事は、字義どおりにいえば、出来《しゅったい》したことである。いいかえれば、ここではないどこかから出て来て、ここに現れることである。この出て来ることを、おのずからと考えずに、だれか・何かからと考えるなら、ハイデガーが「時間と存在」で述べているように、「存在は在るのではない。存在はそれが送り在る」ということになる(GA 14, ZS: 10)。ちなみに、出来事は、英語でeventであり、カタカナの「イベント」は「催しもの」という意味が強いが、eventualityが「偶然性」「不慮不測の事態」を意味するように、eventは、本来、人の意図・思惑を越える事態を意味していた。語源は、ラテン語の動詞のevenireで、それは「出てくる・生じる・当たる」を意味する。

もう一つ確認するなら、出来事は、いくらか生動的で、ときに驚異的である。たとえば、だれかに話しかけられ、しばらく話しているうちに、しだいにその人に魅了されてしまうということが、たまにある。同じように、たまたま手に取った本を読んでいるうちに引き込まれ、時間がたつのを忘れて読みふけってしまうということも、たまにある。さらに、心の美しい人に出会い、心底から驚かされ、深く感動することが、ごくまれにある。ちなみにそうした人は、自分の心が人を驚かせるほどすばらしいことにおよそ気づいていない。こうした出来事は「(思いがけない)出会い」と形容されるだろう。

言葉が出来事を対象にする

こうした出会いのような出来事も、そのままではなく、しばらくすると、「対象」（「客体」）に変わっていく。出来事と対象の違いは、とらえ方の違いである。対象は、意識（注意）の向かうところであり、意識に浮かぶ・象られる像である。それは「知覚する」（percept）と呼ばれる。知覚は、漠然・雑然とした相対的に小さなそれでもあれば、明晰・判明である相対的に大きなそれでもある。生動・驚異の感覚に隣接する相対的に小さな知覚は、定型的な意味に隣接する相対的に大きな知覚を構成する。

この大きな知覚は、近代教育学において「統覚」（Apperzeption）と呼ばれてきた。カント、ヘルバルトも用いているこの言葉を最初に使った人は、おそらくライプニッツ（Leibniz, Gottfried Wilhelm 1646-1716）だろう。この言葉は、ラテン語の percipere（ペルキペーレ 知覚する・覚知する）に ad（アド ～へ）が付いた言葉で、向かうべき先に向かいつつ知ることを意味する。ちなみに、第2章でふれた湯原元一は、『倫氏教育学』において、この Apperzeption を「類化」と訳し、「既に心意中に存在する表象と、将に心意に入り来らんとする表象を同化する」ことと説明している（リンドネル 1983: 譯例七則 5）。出来事は、それが、相対的に大きな知覚によって意味世界のなかに位置づけられることで「対象」となる、といえるだろう。

この出来事を対象に変える心の営みは「言語活動」である。すなわち、具体的な言葉、抽象的な言葉を用い、出来事を言語化していくことである。そのさいに、「AならばB」という〈原因―結果〉や、「AゆえにB」という〈根拠―主張〉のような論理、また複数の論理から成る推論が必要になる。そうした論理・推論は、およそ「合理性」（rationality）とくくられるだろう。言語化を基礎づけているこの合理性は、カントが「知性」（Verstand）と呼んだものに近い。Verstand は、英語の understand の翻訳であり、しばしば「悟性」と訳されるが、ここでは「知性」と訳すことにする。

このカントの「知性」は、「理性」と「感覚」の関係から見るなら、坂部恵が論じているように（坂部 1997）、近代的思考を表徴する概念である。というのも、カントより前の時代、たとえば、スコラ的キリスト教思想においては、およそ、「感覚」（sensus）の内容が「理性」（ratio）によって整序され、それを踏まえて「知性」（intellectus）がはたらく、というように、これら三項は連なっていたが、カントより後の時代においては、「知覚」（Sinn/sense）の内容が「知性」（Verstand/understand）によって整序され、それを踏まえて「理性」（Vernunft）がはたらく、という連なりに変わったからである。つまり、カントより前と後で、理性の意味も知性の意味も変わっている。

このカントより後の時代の「知性」は、現代の「知能」（intelligence）とおよそ連続的であるが、カントより前の時代の「知性」（intellectus）とは非連続的である。坂部は、一九九八年の『岩波哲学・思想辞典』の「知性」の項目において、「intellect 等の近代諸語の語彙も、今日なお〈知性〉［＝中世キリスト教思想の intellectus］の原意をとどめて使われることはあるが、intelligence〈知能〉というきわめて操作的な概念に大幅に場所を侵食されつつある」と述べている。坂部のいう近世以前の〈知性〉は「一息に事象の内側に分け入り洞察を獲得する」。その意味で、〈知性〉は「〈直観的〉に働くという特性を〈感性〉あるいは〈感覚〉と共有」している（坂部 1998: 1065-6）。

デューイのいう「知性」とは何か

さて、ここで示したい知性概念は、カントより後の知性をふくみつつも、カントより前の、たとえば、アウグスティヌスが使ったような、キリスト教思想の「知性」（インテレクトゥス）が含意していた「〈感性〉」「〈感覚〉」をふくむ、デューイの語る「知性」（インテリジェンス）である。この知性は、いわば、出来事に深く棹をさすほどに、生動的・存在論的になり、出来事から離れるほどに、言葉の意味・価値に傾くほど、表象的・実在論的になる、といえるだろうが、基本的に出来事に棹をさしているそれである。

奇矯に思われるだろうが、ここで示すデューイの知性は、いわば「愚かさ」(bestia/bête 原義は「獣じみていること」)と不可分である。愚かさは、いわば、明らかな基礎をともなわないという意味で、知性という営みの大前提である。ここで示すデューイの知性は、「知識の所有状態」ではなく、不断に知識を更新するとともに、知識の前提に遡及することだからである。もっとはっきりいえば、ここで示す知性が、何らかの真理に到達することは、まずありえないからである。端的にいえば、知性は有限であるが、真理は無限だからである。つまり、デューイの知性は、真理をたんなる事実、すなわち五感が確かであると確証する事実であるとは考えていない。

以下、まず、デューイの知性概念の内容について確認しよう。とくにそれが経験、すなわち「全体」に参入し他者に「呼応する」ことと、どのような関係にあるのか、確かめよう。そのあとで、デューイのいう「全体」が、見えないが想像されるものであり、「呼応」が、おのずから生じる営みである、と確認しよう。アウグスティヌスの知性(インテレクトゥス)概念を参照項としながら。最後に、デューイの知性が、「理性」や「道徳」とどのような関係にあるのか、確認しよう。

2　想像し呼応する知性

デューイの知性

ここで「知性」と訳す言葉は、現在、「知能」と訳されがちな「インテリジェンス」(intelligence)である。デューイにとって「知性は、未来を見通すこと(foreseeing)」にかかわる営みであり、「人の活動を秩序だて方向づけるのは、この見通しである」(CWD, mw. 14, HNC: 53)。「混乱した情況がきちんと位置づけられ焦点化されること、つまり〈明瞭化されること〉――それが知性の本質的機能である」(CWD, mw. 14, HNC: 124)。この見通しを得るためには、「批判的方法」(critical method) が必要である。この「批判的方法」を生みだす知性のはたらきは「私たちがもっとも深く信じ忠実であるべき目的、抱かれるべき希望のすべてを支援する」ことである (CWD, lw. 1, EN : 325)。

この「批判的方法」を生みだす知性は、「理性」(reason) に司られるのではなく、それをはたらかせる。「すべての理性は、それ自体、理由づけられたもの (reasoned) である。つまり方法であり、実体ではない。はたらくものであり、『目的そのもの』ではない」。理性は、「神の内」にあるのでも、「人の内」にあるのでもない。それは、人を「小さな神［＝神の似姿］」にする永遠性ではない (CWD, lw. 1, EN : 324-5)。理性は、たしかに「善」というテロスに向かっているが、その善は、何らかの神的実体によって規定された所与のもの、すなわちギリシア哲学の「最高善」(ト・アリストン to ariston) でも、キリスト教思想の「完全性」(ペルフェクティオ perfectio) でもない。

理由づける営みとしての理性が向かう善は、変転し変化するものであり、人びとによって意味・価値づけられるものである。人を善に向かわせる意味・価値は、人の選択の不断の更新というかたちで、「より持続的でより広範囲な価値」に向かう、所与の道徳的動態のなかにある。この道徳的動態の基礎は、「［自分が参入している］自然への忠誠」(fidelity to the nature) ――「神への忠誠」(fides Dei) ではなく――である (CWD, lw. 1, EN : 314)。

もっとも豊穣で充溢な経験というテロス

知性がこの「自然への忠誠」とともに向かう先は、「もっとも豊穣で充溢な経験」(richest and fullest experience) である。この経験に向かうためには、「批判」(criticism) が必要である (CWD, lw. 1, EN: 308)。この「批判」(先の「批判的方法」にひとしい)は、「評価」と称し、他人の著作・作品などにあれこれ難癖をつけ、自己顕示欲を満足させることではない。「批判」は、継続的に自分を反省し、対他的に応答する「方法」である。この「批判」は、前章でも述べた自・他の呼応、すなわち「相互浸透」と一体である(CWD, lw. 1, EN: 265)。

「もっとも豊穣で充溢な経験」は、非実体のテロスである。デューイは、ギリシア哲学の「最高善」やキリスト教思想の「完全性」を「もっとも豊穣で充溢な経験」にずらしている。それは、テロスにちがいないが、神によって固定された「実体」としてのテロスではなく、人が「批判」とともに不断に創出する「経験」としてのテロスである。この「経験」としてのテロスに向かうことが、人が生動的・活動的に実在することである。

要点を先にまとめておくなら、デューイにおいては、生動的・活動的に実在する人は、おのずと「批判」を行い、そうすることで「(大いなる)存在」(Being)という「全体」(whole)に自分がすでに「参入」していることに気づく。それが「もっとも豊穣で充溢な経験」である。これが、『経験と自然』の主要な論点であり、この論点を支えるのが、三つの命題である。すなわち、①個人ではなく「固有の心」が「主体」である。②人は「全体」としての「世界」にすでにつねに参入している。③「経験」は所有するものではなく「呼応」することである。それぞれ、要点のみ、確認しよう。

固有の心が主体である

まず、individual(個/固有)と形容されるものを確認しよう。デューイは、古代ギリシア哲学においては、カテゴリーすなわち集合(くくり)が「固有」(individual)であるが、近代哲学においては、一人ひとりに帰属しているものが「固有」である、という(CWD, lw. 1, EN: 167-8)。たとえば、古代ギリシアにおいては、普遍的で固定的な「民族・

血統」というカテゴリーが、人を支える「基体」(ヒュポケイメノン hypokeimenon／スプィエクトゥム subiectum) であるが、近代哲学においては、特殊的で推移的な「固有の心」(individual mind) が、独りである人を支える「主体」(サブジェクト subject) である。

デューイによれば、この「基体」と「主体」の違いは、人の支える「全体」の有無である。古代ギリシアにおいて、人は、世界／自然の包括的な「全体」に根底的に支えられているが、近代において、人は、自己責任を担いながら孤立的に生きている。それは、人を形容する言葉の使い方に暗示されている。たとえば、近代においては、「自己」「私」「心」「精神」といった言葉は、互換的かつ頻繁に用いられているが、古代ギリシアでは、これらの言葉は意味として成り立ちがたい、という (CWD, lw. 1, EN: 163)。

いわば、根無し草状態 (デラシネ Déraciné) の近代の人を支えるのが、「固有の心」である。それは、「心をもつ個人」(individual with mind) から区別される。「心をもつ個人」は「慣習・伝統に枠づけられている」。とりわけ個人主義という「慣習・伝統」に。これに対し、「固有の心」は、「よりよいが、まだ実在しない何かへの信念・希望・希求」それ自体である。その本態は、「洞察」に満ちた「想像力」(imagination) である (CWD, lw. 1, EN: 169-70)。「それは、古い目標を解体し、新しい目標を形成する。その媒体［＝固有な心］は、古い目標を超えているが、新しい目標にふくまれないという意味で、主体的 (subjective) と形容される」(CWD, lw. 1, EN: 171)。

感覚と意識、出来事と対象

デューイは、人は、「固有の心」の「認識」「洞察」といった「魂・精神」の活動によって、既存の意味を拡大し先進させる「理念」(idea)・「形象」(vision) を生みだし、「もっとも豊穣で充溢な経験」へ向かうという。この「固有の心」

の基底的なはたらきが、「意識する」(conscience) から区別される「感じる」(feeling) ないし「感覚する」(sense) である。「意識する」という営みは、持続する「意味のまとまり」を生じさせる意味づけの活動である。その意味は、たとえば、本を読んでいるときに人がつくる観念、次つぎに現れては消えてゆく象りである。意識は、分析・分節できるこうした観念・形象を重視する。これに対し、感覚は、意味を超える「全体」という象りのもとで生じる(CWD, lw. 1, EN: 230-5)。それは、「性情的なもの」(the qualitative 質的なよさ) と形容される「文脈・情況」である。それは、人の感覚に意識下で訴えかけることで「人を顕在化しているもの [＝見えているもの・感じているもの] ……に留まらせる」。「この前提としての一体性は、すべての区別・関係の要点・連関・力動を調整する。明示的な用語の選択・排除・用法を方向づける。……私たちは、それ [＝全体・一体性] をそれそのものとしてではなく、背景・下地・方向として感じつつ、そのなかで思考している」(CWD, lw. 5, QT: 247-8)。

感覚と意識の区別は、「出来事」(event) と「対象」(object) の区別に重ねられる。出来事は「感じ」られ、現実的に在るが、対象は「意味づけ」られ、事実的に在る。夢想のなかの物事も、科学実験のなかの物事も、「感じ」られる出来事であるが、たとえば、心理学の、物理学の言説によって意味づけられて、内面的・主観的、外在的・客観的な対象となる。もっとも、出来事の感じも、対象の意味と無縁ではない。たとえば、「火が燃えている」という出来事の感じは、すでに「火」や「燃える」といった、対象化＝言語化された意味を前提としなければ、生成しない。意味がなければ、出来事は、「熱い」「臭い」「煙い」といった、たんなる「器官情報」(sensa) を意識するという意味の「知覚」(perception) にとどまる (CWD, lw. 1, EN: 240-5)。

人は全体（世界）に参入している

意味は、「認識」(recognition)、「洞察」(insight) において、先行する意味を越えて拡大し先進する。あらたな「認識」の存立条件は、暗黙裏に保有されている意味であり、この認識の生成は、先の「思考内容」(cognitio) すなわち意味づけられたものが、「改めて」(re-) 意味づけられることである。「洞察」も、同じように生じる。それは、すでにある「見知」(sight) すなわち意味づけられたものが、「強く」(in) 意味づけられることである。認識や洞察は、「現前する意味を超えて先進している」(CWD, lw. 1, EN : 247-8)。

意味の拡大・先進が生じるのは、人が驚き、すなわち思議を超えたこと、「問われ、定まらず、変わる」こと、「生き生きしているが、なんだかわからないこと」に対峙するなかで、何らかの目的をもって「思考」「願望」するからである。いいかえれば、意味に支えられる感覚（感じ）の生成も、人の思考・願望に与っている。いいかえれば、意味も感覚も、それらが拡大・先進するかぎり、人が望ましい結果を探究する活動のなかに位置している。その探究活動が、「技芸」(arts) であり「科学」(sciences) である。デューイにとって、どちらも、人が物（対象）と「ともに在る」こと (CWD, lw. 1, EN : 259-60) である。

人が物とともに在ることは、人と物が相互に呼応することである。それは、第3章でもふれた、本来の「アニミズム」の在りようである。「[アニミズム]は……人が肯定的に自然に参入している (partaking in nature) 手段を欠いているとき、自生的で……恩寵的であった」が (CWD, lw. 1, EN : 262)、人が自然に「肯定的に参入」する手段、すなわち技芸・科学を得るなら、意識と自然は、「相互に活動しあい、相互に浸透しあうこと」ととらえなおされる。

人は、「参入」とともに「理念」(idea) を象る。「理念」は、「在りうるが、まだないものの把握であり、人に希望を与える約束であり、見えないものの象徴 (symbol) である」。したがって、決まりきったもの、「固定観念 (fixed idea) は、理念ではない」。カントのいう「純粋理性」は、「理念」ではなく「固定観念」である。「理念」は、自然と「相互に活動しあう」。人が、この自然との相互活動を失えれば、「自然は、固定的なもの、つまり理念によっては示しえないものとなるだろう」(CWD, lw. 1, EN : 263)。しばしば、「人間性 (human nature) とは〇〇である」ともっともらしく規定され、規範化されてしまうように。

経験は呼応することである

思考・希求は、しばしば認識・概念によって、一人ひとりの「固有の心」から切り離されてしまう。思考・希求が、客観的な認識・概念にとらわれてしまうと、その営みは、「私」という固有性から離れてしまう。思考・希求と認識・概念は、区別し並存させなければならない。デューイは、「ばかげたことは［客観的である］認識・概念を、『主体的』(subjective)・『精神的』(mental) と形容することである。主体的・精神的なことは、身体としても、社会的つながりにおいても、［他者から］区別される実存 (existence) において、生じるからである。そうだからこそ［客観的な認識・概念としての］家は、それが私の家になるとき、［客観的な認識・概念が作りだした］空間的・物質的な世界から消え失せる」と述べている (CWD, lw. 1, EN: 171)。

思考・希求は、何か・だれかの呼びかけへの「私」の応答である。「私」は本来的に、この何か・だれかの呼びかけに応えるという立場にある。デューイは、アリストテレスに言及しながら、かつて「経験は、［当人をふくめ］だれかのものではなかった。それは、自然のものであった。ある身体が自然に位置づけられるときにのみ、それが自然に与りつつ、立ち現れた」と述べている。さらに、デューイ自身の考えとして、「原初［的経験］において『私が経験する』『私が考える』ということは、正確でも適切でもない。『それ』が経験する・経験される、『それ』が考える・考えられるというのが、より正しい表現である」と述べている(CWD, lw. 1, EN: 178-9)。そうした与りの経験を意識活動に取り込むことは、相手への「応答責任を受け容れ……それを自分の求めるところとすることである」(CWD, lw. 1, EN: 180)。

こうしたデューイの知性論は、科学に回収できない二つの感覚、すなわち「全体」と「呼応」の感覚を重視している。この、いわば存在論的な感覚は、キリスト教思想を文脈とするとき、いくらはっきりと特徴づけられるだろう。以下に、あくまで一つの試みとしてであるが、アウグスティヌスの知性論を参照項として示すことで、デューイの知性論を際立たせてみよう。

3　見えない全体を象る

見えない全体を象る知性

理念が高められすぎ、具体的な活動の可能性を超えてしまうとき、その理念は、「魂を鼓舞するもの」でありながら、近寄りがたいもの、「不可能性」の「理想」(ideal)となる。それは「超越的なもの」「天上のもの」「崇高なもの」となる。ギリシア哲学の「最高善」、キリスト教思想の「完全性」がそれである。「それは、具現化・概念化が不可能であるが、それでもなお、現実性をともなうすべての本来的違和(discontent)の、また進歩をうながすすべての霊感的源泉と見なされている」(CWD, mw. 14, HNC: 178)。

この超越的理想は、人が、その希求とその思考が分け隔てることで、悪しきものとなる。「それ[超越的理想]は、情動的なあいまいさをもちながらも、対象を規定しようとする思考を喚起しようと懸命に努力する。それは、知性の自然な流れに従い、希求するものを繋ぎあわせ、完全なものにしようとする。［しかし、人が］対象を現実の行動や経験から切り離し、語りえないものにしてしまうことで、［人は］思考のはたらきを中断してしまう」。そうなれば、「理想は、さまざまな努力を組織化し方向づけるどころか、代償的夢想（compensatory dream）になってしまう」（CWD, mw. 14, HNC: 178-8）。

デューイは、理想を放棄せよ、などと主張していない。知性的に思考する人が抱くことになる理想がある。それは「全体」すなわち「広がりゆく諸連関の無限性を意識すること」である。「空間の小さな一点で物理的に生起し、時間のわずかな時点を占める一つの行為が、無限の広がりをもつという感覚、その感覚がなじんでくるなら、今ここの行為の意味が、広大で途方もなく超思考的である、とわかる。このような理想は、達成されるべき目標ではない。それは、感じ、味わうべき意義である。……この情動的感受は、思考を志す人だけにできることである」（CWD, mw. 14, HNC: 180）。

デューイは、通俗的意味の「超越」を退けているが、見えないが感じられる「全体」（whole）という理想（理念）を示している。この「全体」が、デューイのいう知性が必然的に向かうところである。それは、まぎらわしいが、通念を越えるという意味の「超越」が向かうところである。この超越する知性の象りは、デューイが「精神」（spirit）と呼ぶ営みである。

「魂」と「精神」の関係

デューイは、『経験と自然』の第7章で、「魂」（soul）と「精神」を規定している。「魂」も「精神」も、ギリシア哲学やキリスト教思想において、「魂／肉」（soul/body）、「聖霊／事物」（spirit/matter）といった二項対立概念を構成し、

「神」にかかわるものとして語られてきたが、私は、これらの概念を、人に内在する倫理的な「組成」(organism)として語りなおす、と。

デューイのいう「魂」は、人が「応答的・豊穣的・協調的に生の諸情況に参入すること」を可能にする心の「組成」である。そして、この「魂」が「自由で動態的で活動的な状態にあること、つまり［人間的活動の］起点であり終点であることが『精神』である」。「精神は、魂の動態的機能であり、魂は、その精神の土台である」(CWD, lw. 1, EN : 223, 224)。つまり、「魂」のはたらきが「精神」であり、「精神」の容れものが「魂」である。

こうしたデューイの「魂」と「精神」は、序章でもふれたアウグスティヌスのいう「アニマ」(anima)と「霊性」(spiritus)とよく似ている(ちなみに、キェルケゴールも、「人はアニマと身と霊性から成り立っている」と述べている[SK 10, AuE: 46])。アウグスティヌスにとって、アニマは、「心」(メンス mens)と「身」をつなぐもので、霊性の住処であり、アニマが神へと向かい、生き生きとはたらくのは、霊性が賦活されるときである。そして、霊性が賦活しはたらくとき、「理性」(ratio)を越えた「知性」(intellectus)というはたらきが「心」に生じる、とされている。簡単に敷衍しよう。

アウグスティヌスのいう「知性」は、「知解可能なもの」(res intelligibiles)すなわち知覚的に〈見えないもの〉を「心」で見るというはたらきである。すなわち、イエスに依りながら、心に「神の像」を映しだすことで、心が自分を「神の似姿」と再認することである。人は、〈神に向かう〉という対向性としての霊性に支えられ、知性によって「神の像」を心に映し、本来の「神の似姿」になろうとする(AO, DT: 7. 6. 12)。その契機は、「隣人への愛」を語り行ったイエスに出会うことであり(AO, DT: 14. 18. 24)、人がめざすべきことは、このイエスを「キリスト」(人類の救い主)として心に象ることである(AO, DT: 14. 18. 24)。そのイエスは、知性的にいえば、見える存在者であり、知覚的にいえば、見えない存在者である。イエスは、人を知覚的に〈見えないもの〉を見ることへと喚起する「徴し」(signum)

である。この徴しが暗示する〈見えないもの〉を知ることが知解であり、知解されたものが「知恵」(sapientia)、善そのもの＝愛そのものである(AO, DT: 8. 3. 4)。

この愛そのものは、神の「存在」(Esse)である。それは、すべての被造物を下支えしているものである。それは、「愛そのものとは……である」というふうに説明されるものではない。「より真実であるのは、語られるよりも思考される神であり、思考されるよりも存在する神である(Verius enim cogitatur Deus quam dicitur, et verius est quam cogitatur.)」(AO, DT: 7. 4. 7)。人はすべて、この愛そのもの、存在そのものを記憶しているが、忘れている。必要なことは、それを「想起」することである(AO, DT: 8. 3. 4)。

知性は慎ましく参入する

こうしたアウグスティヌスの知性と、デューイの知性に共通することは、〈見えないもの〉を象るというはたらきである。デューイにとって、知性のテロスは、知覚的には見えない「全体」を象ることであり、アウグスティヌスにとってのそれは、知覚的には見えない「存在」を象ることである。どちらにとっても、その〈見えないもの〉は、現代物理学が数式によって記述しようとしているものではない。その数式は、自然の関数関係性という〈見えないもの〉の近似である。これに対し、デューイ、アウグスティヌスの知性が象ろうとする〈見えないもの〉は、この世界の「全体」、神の「存在」という、人が編み込まれつつ生きていることそれ自体である。

大雑把にいえば、デューイのいう「全体」の経験は、アウグスティヌスのいう「存在」の知解にあたるだろう。デューイは、「全体」の経験を「もっとも豊穣で充溢な経験」と形容し、アウグスティヌスは、「存在」の知解を「愛そのもの」の想起と形容している。デューイは、その経験の仕方を、「自然に参入的である」ことと形容し、アウグスティヌは、その知解の契機を、「イエスに出会う」ことと形容している。こうした経験と知解は、苦し紛れの表現をすれば、位相的に相同的である、といえるだろう。

人が「全体」という広がりなかに編み込まれつつ生きていることは、道徳的である。「私」が今ここで為すことを真摯に――つまり〈よりよく生きようとして〉――考え行うことは、その人為が「全体」に連なっているという感覚に支えられているからである。人が、だれとも・何ともつながってないと考え、じぶんの行為は、今ここにのみあり、すぐに消え去り、何の跡形もなくなると考えるなら、人は、事前に熟慮する必要も、事後に反省する必要もない。「全体」への参入は、〈よりよく生きるようとする〉力の知性的な存立要件である。ちなみに、「良心」は、語義のうえでは「ともに (co) ―知る (scire)」であり、デューイも、「私たちは、他者とともに知る。そこには良心 (conscience) がある」と述べている (CWD, mw. 14, HNC: 216)。

デューイにとって、「慎慮 (慎ましさ)」(humility) は、この「全体」への参入が生みだす思考である。それは「自己卑下」などではない。「慎慮は、もっとも優れた知性と努力によっても、出来事をうまく操作できないという感覚である」(CWD, mw. 14, HNC: 200)。それは、知性や努力を諦めることを意味していない。逆にそれによって、人は「眼前のすべての成長の機会を大切にする」。すなわち、今ここで自分にできることを可能なかぎり、試みる。そして、デューイは、なぜかキリスト教思想の伝統的な概念にふたたび言及し、「完全性とは、完全化 (perfecting) であり、充溢とは、充溢化 (fulfilling) である」と再規定している (CWD, mw. 14, HNC: 200)。

最後に、デューイのいうこうした知性、すなわち「全体」への参入に基礎づけられたそれが、活動的かつ道徳的であることにふれておこう。

4　道徳を支える全体

技芸の創案——目的を明かす傾向性

デューイの知性は、合理的・実証的というよりも「活動的」(active)である。アウグスティヌスの場合、その活動は、見えないイエスを心で象ることに端的に示されている。しかし、デューイの場合、その活動は、具体的な諸可能性のなかで、私たちをより生動的にするものを選ぶことである。アメリカの哲学者、アレクサンダー(Alexander, Thomas M.)の言葉を引こう。「私たちは、活動的存在者であり、私たちの情況のもつ諸可能性に深くかかわって生きている。これが、デューイの知性(intelligence)の定義である。すなわち、知性は、さまざまな可能なものの光のなかで活動的なものを見いだすことである。これは同時に、想像力の定義でもある」と(Alexander 1993: 384)。

デューイのいう「活動的」は、人がだれか・何かに深くかかわることであり、「知性的」と同義である。たとえば、芸術作品の制作は、物に深くかかわるという意味で、活動的でありかつ知性的である。デューイは、一九三四年の『経験としての芸術』のなかで、「[芸術家が素材に]為すことと[芸術家が素材から]受けとることの関係を把握することは、知性のはたらきそのものである」と述べている(CWD, lw10, AE: 52)。いいかえれば、「[知性の本態である]思考は、すぐれて芸術である。思考の産物である知識や命題は、彫像や交響曲と同じように、芸術の作品である」(CWD, lw. 1, EN : 283)。どちらも、「自然な事物のそのまま状態よりも実効的に(effectively)自然的であり、『生来的』("life like")」だからである(CWD, lw. 1, EN : 286)。どちらも、人と物の深いかかわり、「もっとも豊穣で充溢な経験」に向かっているからである、と。

デューイにとって、芸術の本態は、「もっとも豊穣で充溢な経験」に向かいつつ、「さまざまな技芸」(arts)が創案されることである。「人間に固有な経験の歴史は、さまざまな技芸の発展する歴史である」(CWD, lw. 1, EN : 287)。技芸は、つねに発展過程にあり、その過程は「傾向性」(tendency) に彩られている (CWD, lw. 1, EN : 279)。それは、活動の目的が、相手との相互浸透、全体への参入のなかで、しだいに明示されることである。目的は「先進運動のそれぞれの段階で不断に再規定される累積的なそれである」。「目的は、傾向性がある時点で確定する意味であり、その意味は、連続的に展開する。このような過程すべては、さまざまな技芸から構成されている。そうした技芸の結実が、作品である」。もしも、作り手にこの傾向性に与るという姿勢がなければ、その成果(作品)は、作り手の「[自己] 願望の充足」にすぎなくなる (CWD, lw. 1, EN : 280, 282)。

承認論の落とし穴――道徳を支える全体

デューイの知性はまた、道徳的でもある。その道徳は、社会的趨勢に埋没しない。社会的趨勢は、たしかに留意すべき重要な事実である。デューイは、たとえば、「素朴で自足的な生き方を熱心に説いても、いったい何の利得があるのか、社会的賞賛が成功者に向けられているときに」と述べている (CWD, mw. 14, HNC: 219)。つまり、清貧の道徳規範をいくら説いても、それが社会に根づくものでなければ、何の成果も挙がらない、と。

しかし、デューイは、社会的趨勢に問題も見いだす。たとえば、社会的賞賛のような「承認」(approbation) を強調することは、暗黙裏に他者からの「非難」(blame) を強調することでもある、と。そして、そうした「非難と承認を重視する判断は、光よりも熱を帯びている。そうした判断は、知性的であるよりも、感情的である」という (CWD, mw. 14, HNC: 220)。あらを探され非難された人は、自分の行為を〈よりよく変える〉かわりに、非難した人を恨み疎んじる。そして「承認は、自己満足を生みだすだけである」。さらに、他人の承認/非難に敏感な人は、「たえず自己防衛の姿勢をとり、護教論的で、他者告発的で、自己弁明的な心の習慣ばかりを身につけるようになる」(CWD, mw. 14, HNC: 220)。そうした感情的応答ばかりに気をとられると、自分の行為を〈よりよく変える〉ために何をすればよいのかが、考えられなくなる。つまり、承認の強調は知性の看過に通じる、と。

感情的であることが問題なのではない。感情的でないことは、相手に深くかかわらない（かかわれない）ことにひとしい。問題は、承認／非難の重視が、何か・だれかに深くかかわり、懸命に努力している人の感情をゆがめ・いびつにすることである。「感情は［人が何か・だれかに］深く参入していることを示す一指標であり、多かれ少なかれ、自然や生命にかかわる何らかの情景のなかで呼び起こされるものである。それは、いわば［何か・だれかへの］態度ないし姿勢であり、対象となる相手との相関性を示している」(CWD, lw. 1, EN: 292)。承認を宣揚する人は、なぜか、このいわば「心の鏡」である感情をゆがめ・いびつにすることに無頓着である。

デューイにとって、社会的事実の問題を問題として意味づける尺度が、道徳である。それは、何よりもまず、一人ひとりの「実存」の現実性にもとづいている。「道徳（moral）を支えているそうした現実は、一人ひとりの人間存在の活動的なつながりから立ち現れてくる」(CWD, mw. 14, HNC: 225)。その活動的なかかわりの「性情（＝よさ）」(quality) は、あの「全体」への参入に規定されている。すなわち「人びとをつなぐ［参入的］連関が無限に広がっているという感覚」に。それは、「道徳規範」として宣揚されるべきものではない。私たちの現在の活動も、つねにすでにこの「全体」のなかに位置しているのだから。たとえ「衝突や闘争や敗北のなかでも、この永続的で包含的な全体は、意識されうる」(CWD, mw. 14, HNC: 226)。ただ、実際には、多くの場合、意識されていない、すなわち想起されていないだけである、と。

5 何が「超越」と呼ばれるのか——想起される歓び

Chaper 5 What is Called "Transcendentality"?: Reminding of Joyfulness

〈概要〉 本章では、まず、「超越」という営みが忘却されがちであることを、現代社会の現実性に注目しながら、確認する。ここでいう現実性は、私たちの多くが、社会的規模で構造化されている事実性（有用・公正指向）に埋没し浸潤され（呻い）ている状態である。次に、超越を回復するためには、敢然性という生のスタンスが必要であり、またアウグスティヌスが「心の眼」と呼んだような知性が必要であると述べる。「心の眼」は、中世のキリスト教思想において語られた「メタノイア」（metanoia）を支える概念であるが、私は、ランシエールの「感性」論にふれながら、その基礎に「感受性」を見いだす。最後に、ハイデガーの「存在」を、「想起」される「感受性の広がり」と見なし、それが人が「希求」する「歓び」に彩られているだろうと語る。

1 「欲望」と「希求」

メリトクラシーへの態度

学校の主要な機能である「学力形成」は、メリトクラシー（meritocracy）という制度と一体である。このメリトクラシーのメリット（merit）は「有能性」（ability）であり、メリトクラシーは、有能さの程度によって児童生徒を位置づけることである。有能性は、試験・テストによって測られる達成度を指標として構成され、一般に「学力」と呼ばれる。つまり、点数という到達度は、潜在すると見なされる有能性を暗示する指標（シグナル）である。

メリトクラティックな学力形成は、児童生徒を〈到達度―有能性〉という意味連関に吸い寄せる。この意味連関においては、知ることはできることであり、できることは優れたことである。この意味連関からずれる営みは、それが何であれ、多くの場合、児童生徒の関心を引かなくなるだろう。しかも、学校外の世界も、基本的にメリトクラシーを原理として人材の配置、財貨の配分を決定するから、ますます児童生徒は、〈到達度―有能性〉という意味連関を重視するようになるだろう。そもそも、できないことができるようになることは、大きな肯定性である。この肯定性が社会的に正当化されることで、この意味連関は、限りないものかつ浸潤的なものとなる。その結果、バウマンのいう「液状（リキッド）化」が広がる。それは、いかなる価値規範も利用可能なものに還元し、それ自体で価値であるものを手段・価格に変えていくことである。

このような学校情況・社会情況のなかでは、メリトクラシー、〈到達度―有能性〉という意味連関以外の意味連関は、よほど強力な魅力をもつものでないかぎり、おざなりに扱われるか、まったく退けられるか、のどちらかである。教育学者が〈子どもの存在は、到達度ではなく、それ自体において重視されなければならない〉と言ったところで、それは、何の説得力ももたない。そうした言葉は、どんなにがんばってもできないというつらさ・苦しさを少しも軽減しない。考えるべきことは、そのつらさ・苦しみであり、それは、人の個人としての「平等」によって作り出されていることである。それが比較を可能にするからである。人を均しく個人にすればするほど深くなるのが、できないというつらさ・苦しみである。

したがって、「平等」という啓蒙の理念から、メリトクラシーと一体の学力形成の再構築を考えても、徒労に終わる。メリトクラシーを相対化するスタンスは、存在論的思考によってこそ、語られるだろう。

「欲望」と「希求」

思想史を踏まえつつも、存在論的に思考することで、メリトクラシーの相対化は、いくらか可能になるだろう。まず、メリットという概念を思想史的にずらしてみよう。西部は、『昔、言葉は思想であった』という本のなかで、現代社会では「メリットの本意が、見失われている」と述べている。メリットは、本来、「宗教的賞賛に値すること」であり、「「功徳」という意味を多少なりとも含んでい」たと（西部 2009: 36）。

メリットの意味をふり返っておこう。キリスト教思想をさかのぼれば、メリットは、ラテン語のメリトゥム（meritum）に由来する言葉で、原義は「当然の報い（の原因）」である。したがってそれは、利得という報いをもたらす原因だけでなく、不幸という報いをもたらす原因も意味していた。たとえば、「私に何の落ち度もないのに」（nullo meo merito）といわれるときの「落ち度」も、メリトゥムである。このメリトゥムが「宗教的賞賛に値すること」を意味するようになるのは、キリスト教が制度的に根づいていく中世以降だろう。たとえば、トマスは『神学大全』の「メリトゥム論」（De Merito）において、「人のメリトゥムは、神による所与の秩序づけに依拠する」が、「理性的被造物［である人］は、自由意志によって自分をはたらきへとさし向けるのだから、その行為は、メリトゥムの本質的側面をなす」と述べている（A, ST: I. II. q. 114, a. 2, a. 1）。すなわち、人のメリトゥムは、神の意志によって決定されているが、当人の努力も大事である、と。

一見すると、メリトクラシーのメリット（所与の知能と本人の努力）は、トマスのメリトゥムの近代版のようにも見える。しかし、両者には決定的に違うところがある。それは、メリトゥムが、「自己」の充足を求める「欲望」（cupiditas）に染まるものではなく、「自己」からの脱却を求める「希求」（desiderium）に彩られることである。メリトゥムの「求める」ものは、「アガペー／カリタス」、いいかえれば、無条件の他者への顧慮だからである。それは、達成困難だからこそ、希求される。おそらく、こういえるのではないだろうか。人は、可能なことを欲望するが、同時に困難なことを希求する、と。人は、欲望する対象にすぐ飽きるが、希求する心を保ちつづける、と。

「自己」と「超越」の重層化

このスコラ的なメリトゥム概念が暗示することは、〈到達度―有能性〉で一元化されているメリトクラシーを重層化する可能性である。すなわち、〈到達度―有能性〉という「自己」の欲望の位相と、他者への顧慮という「超越」の希求の位相を分けて重ねる可能性である。それは、現実的に求められる自分の能力の位相と、生動的に希まれる他者への顧慮の位相を分けて重ねることである。矛盾や葛藤を飲み込みつつ。なるほど、それは、通俗的な意味では、少しも人を安心落着させないだろうが、キェルケゴールやハイデガーが論じた、あの「不安」、すなわち存在論的不安をいくらか軽減するだろう。

ここでいう「超越」は、社会の現実性に浸潤され、それを体現する「自己」を超える・超えようとすることである。

中世のスコラ学において「超越」(transcendentia) と呼ばれたものは、「一」(unitas)、「真」(veritas)、「善」(bonitas)、「美」(pulchritas) であるが、ここでいう「超越」は、そうした理想の実体ではなく、その原義である「越境し (trans) 上昇する (scandere)」を踏まえつつ、この社会の現実性を超えるという動態である。現代社会におけるそれは、端的にいえば、有用・公正指向に埋没する「自己」を超えることである。

社会の現実性を超えようとする超越の営みは、たしかに社会の現実性が求める「自己」によって看過され排除されるが、消え去るわけではない。超越の営みは、何らかの宣教によって生みだされる営みではなく、一人ひとりの心情から自然に生起する営みだからである。規範としての超越を語り伝え体現させようとするから、それは、外形・形式だけの超越もどきになり、形骸と化す。超越という観念をもちえないから、超越できないのではなく、日々の反省の営みに超越を見いださないから、超越できないのではないだろうか。日々の反省のなかに立ち現れる問いは、すでにつねに現実を超える力への、つまるところ、固有の心が求める思考の自由の問いである。

本章では、まず、社会の現実性を生きることが、超越の忘却をともなうことを示す。そして、その社会の現実性を超えるために必要な生のスタンスとして「敢然性」を示す。次に、超越を想起するために必要な営みとして、アウグスティヌスのいった「心の鏡」のような営みを例示しつつも、その営みを支えるものとして「感受性の広がり」を提案する。最後に、ハイデガーのいう「存在」を「感受性の広がり」と見なし、それが、人が人として「希求」するだろう「歓び」に彩られているのではないか、と暗示する。

2　超越の忘却と再起動

有用・公正指向のなかで

有能性が過剰に求められ、人びとが生きづらさを感じ、疲れ果て、心が萎えることが問題とされるなかで、「レジリエンス」（resilience）を高めることが提案された。一九九〇年代からだろうか、アメリカの心理学が提唱し始めたレジリエンスは「弾性のような、逆境に耐え立ちなおる力」を意味する。さしあたり確認したいことは、この概念においては、人が立ち直って生きる世界が以前と同じ現実性をともなうことである。つまりそれは、社会の現実性すなわち通念・通俗の意味・価値を超える力ではない。

大雑把にいえば、現代社会の現実性は、私たちの多くが、社会的規模で構造化されている規則性（否定したり回避したりできないこと）に埋没し浸潤されている状態である。そうした私たちの思考を方向づけている、現実性の規則性は、利潤追求の能力形成・組織運営を指向する、有用指向・公正指向である。それは、いいかえれば、一方で「グローバル・イノベーション競争」に勝ち残るための能力形成を強調しつつ、下請け会社や途上国労働者の搾取や、表示の偽装や、決算の粉飾といった不正を告発することである。現代社会は、人を一方で利益へと煽り立て、他方で厳しく細かく規制している。

教育システムのなかの現実性について少し敷衍するなら、それは、たとえば、冒頭に挙げたメリトクラシー、すなわち「成績」という評定によって合否・優劣が決まることであり、また「空気」と呼ばれる同調圧力に従わなければならないことであり、「ルール」という意味・価値をうまく操り使わなければならないことである。子どもたち・若者は、こうしたさまざまな教育的・社会的趨勢に従わなければならないと思い込んでいる。そうした子ども・若者の「自律性」は、おもに現実性に規律されたそれだろう。

社会（教育）の現実性を構成するこのような有用・公正指向は、たしかに人間や社会を〈よりよく作りかえる〉うえで必要であるが、それらは、人が〈よりよく生きるようとする〉ことへの根本的な問いを隠蔽していないだろうか。「グローバルな生き残り競争」に勝ち抜くための有用・公正に傾く教育が追い求められる風潮のなかで、あえてそうした風潮に抗い、教育学者が語るべきことは、〈よりよく生きるようとする〉力、すなわち社会の現実性を超える力ではないだろうか。

超越を再起動するための要件

ここでいう超越の向かう先、すなわちテロスは、所定ではなく、未然である。このベクトルにおいては、向かうべきテロスが具体的に示されているのではなく、向かうべきでないところが不安・違和・嫌悪などの感情（情状性）とともに暗示されるだけである。このテロスは、ほのかに見えるが、揺らぎ、消え去る。それは、事後的にのみ象られる。その意味で、超越のベクトルが向かうテロスは、未然のテロスである。この未然のテロスは、たとえば、「キャリア・エデュケーション」に嫌悪感を覚え、それを「デス・エデュケーション」と揶揄する学生たちにも見いだされるだろうか。

人と人が、ともに超越のベクトルをもっているかぎり、両者がかわすダイアローグ（対話）は、たんなる情報のやりとりではなく、コミュニオンの原義に即した、大切なことを「わかちあう」という意味のコミュニケーションとなるし、それぞれのプラクティス（実践）も、たんなる共働作業ではなく、認識であり行為であり創出である生動的活動となる。こうした相互浸透する相互活動に背反するのは、規則随順、惰性行動、習慣行動などである。

この忘却されがちな超越を再起動するためには、何が必要なのか。私が思うに、その一つは、「敢然性」と形容されるだろう生のスタンスである。それは、たとえば、カントの思想になかに示されている。もう一つは、「呼応」と形容される生の実在性である。それは、ハイデガーのいう「共存在」のなかに見いだされる。以下において試みたいことは、敢然性も呼応も、「神」に言及(準拠)することなく成り立たせることである。

カントの敢然性

カントは、一七八六年の「人の歴史の憶測的起源」において、「残念なことは、人が、自分は固有本来的(eigentlich)にどのように生きるべきだったのかを洞察し始めたまさにそのとき、死ななければならないことである」と述べている(KW 11, MAM: 95)。カントは、そうした生きることを知ることの難しさを語るだけでなく、その思考が悲しみに彩られている、と吐露している。「思考する人は、悲しみを感じる。その悲しみは、人倫の頽落にいたりうるが、思考しない人は、この悲しみを知らない」。したがって、「[戦争のような]災悪(Übel)は、人びとに重くのしかかっているが、それをより少なくするという見込みなど、ない(だろう)」(KW 11, MAM: 99)。

しかし、災悪が減少するという見込みがないにもかかわらず、カントは、災悪に立ち向かう。「私たちは、災悪に対抗する活動への支援を行うために、自己改善(Selbstbesserung)に努めなければならない」と。いいかえるなら、少しも災悪が減るという見通しは立たないが、それでも私たちは自分をよりよく作り変えなければならない、と。なぜなら「おそらく私たち自身の罪深さ(Schuld)が、すべての災悪の唯一の原因だろうから」と(KW 11, MAM: 99)。ふだん私たちがしているように、目的達成の見込みが大きいことを選択の根拠とするかぎり、カントの示したこの理由は、選択する理由にならない。

加えて、罪深いのにどうして自分で自分を改善できるのか、という問いも生じるだろう。もしもこう問われるなら、カントは、人は罪深いからこそ、自己改善ができる、と応えるのではないだろうか。心は、反省というかたちで、過去の（罪深い）自分と現在の（良心的な）自分を往還するからである、と。さしあたり、エヴィデンスにもとづく見通しがないまま前進するこの肯定性を「敢然性」(daringness) と形容することにしよう。

確認しておくなら、この敢然性は、カントのみならず、キリスト教思想が少なからず論じてきた、キリスト者の生のスタンスである。それは、たとえば、ルターの「義人は同時に罪人《つみびと》」(simul iustus et peccator) という考え方にも見いだされる。また、ティリッヒ (Tillich, Paul 1886-1965) の「存在する勇気」(the courage to be) という考え方にも見いだされる。しかし、なぜ人は敢然でありうるといえるのだろうか。何が人に自分を「罪深い」と感じさせ、かつ「自己改善」にさし向けるのだろうか。

霊性と〈よりよく生きようとする〉力

アウグスティヌスにさかのぼって答えるなら、それは、人が霊性という向神のベクトルを内在させているからであり、この霊性を認識する「心の眼」(oculus mentis/acies mentis) をもっているからである。この「心の眼」は、アウグスティヌスの創案ではなく、イエスが「幸いは、心の浄さである (Makario hoi katharoi te kardia[beati mundo corde])。その人は神を見る」(マタイ 5.8) と言ったときの「心の浄さ」の言い換えである (AO, DVD: 1.3)。この霊性、そして「心の眼」は、「神」からの「贈りもの」であり、各人の意図・思惑、つまり「自己」とは無縁に内在している。それらは、キリスト教思想の前提命題である。

たとえば、ルターは「よい行為がよい人をつくるのではなく、よい人がよい行為をなす」と述べている。したがって、人は、何よりもまず「よいペルソナ」(bona persona) でなければならない、と (WA. 7, TLC: 61/375)。「ペルソナ」は、のちに「人格」を意味するようになるが、ルターの場合、霊性を体言している人を意味している。霊性は、教会の規範が定め語る「メリトゥム」から区別される贈与である。したがって、ルターは、「[よい]行為そのものによって義しいとされるとか、メリトゥムを重ねると救われるといった、虚しい信念や予断を避けるべきである」と断言する (WA. 7, TLC: 68/388)。

ここで試みたいことは、アウグスティヌス、ルターが前提にしている霊性を「神」に言及(準拠)せずに語ることである。すなわち、人には〈よりよく生きようとする〉力が内在するという命題のみを所与とすることである。〈その力はだれから贈られたものか〉とは問わずに。

ハイデガーの共存在(呼応)

この〈よりよく生きようとする〉力の内在という命題は、いわば裸形の命題であり、「よく」の意味づけしだいでさまざまに変わるが、ここでは、この「よく」は、自・他の「呼応」に基礎づけられている、と考えたい。この呼応は、第4章のデューイの知性論で論じたそれである。すなわち、他者を感受してしまうことを前提に、自分が他者に呼びかけること、他者の呼びかけに応えることである。他者の呼びかけは、言葉によらなくても生じ、それにおのずから聴き従ってしまう人の「気分」(Stimmung) を変える。

この「気分」は、「気分を害した」というときの「気分」ではなく、ハイデガーが「存在」の「性情」「様相」と形容するそれである。この「存在」は、人と人が「ともに在る」(Mit-sein) ということ、「つながる」(Fuge) ということ、人と人のあいだにあり情感的に彩られることである。ハイデガーが『形而上学の根本概念』で挙げている例を引こう。「私たちとともに在るある人を悲しみが襲う。……彼は、私たちに対し頑な態度をとるわけでもないのに、近寄りがたくなる。……にもかかわらず、私たちは、いつものように彼とともに在る。たぶんいつもよりしばしば、そしてより好意的に。……私たちは、彼の悲しいという存在(Traurigsein)にともに聴き従っている(gehört mit)」。この自・他のつながり、「私たち」を情感的に彩る「存在」への聴従が、私たちの「気分」を変える。「気分は……心のなかにあるのではない。気分は、すべての人を覆い、そこにある」。たとえていえば、それは「旋律という意味の音調(Weise)であり、……[私たちの]存在に音色(Ton)を与えるもの、すなわち[存在者の]存在を調律し(stimmt)定律する(bestimmt)性情(Art)であり様相(Wie)である」(GA 29/30, GM: 99-100, 101)。

呼応することは、「存在」におのずから聴き従うこと、いわば「自然《じねん》の聴従」によって生じる「ともに在る」(共存在)である。そこに「世界」が広がる。ハイデガーは、「世界」は「接近可能なもの」(zugängliche Seiende)であるという(GA 29/30, GM: 290)。「接近する」とは、呼応することの言い換えであり、人以外の動物は、この「世界」をもたない。呼応することは、実存の本態である。「人は、実存するかぎり、実存するものとして、すでに他の人たちのなかに移し置かれている」。実存するとは「ともに実存する」ことであり「現に存在する」ことである。それは「他者とともに在ること」(Mit-sein mit Anderen)である。「ともに在るとは……すべてのおのおのの一人ひとりの実存の本態[＝「存在」]に聴き従うことである」(GA 29/30, GM: 301)。いいかえれば、人は、他者からまったく切り離された「孤立者」ではない。そう考えるから、自・他を橋渡しするメディアを求めてしまう。人を孤立者と考えるのは「ドグマ」である(GA 29/30, GM: 305)。

全体・呼応のなかの支援

こうした共存在の呼応は、有用としての「できる」とは異なる、支援としての「できる」を暗示している。ハイデガーの言葉を使うなら、それは、「道具」(Zeug) のもつような「有用性」(Dienlichkeit) から区別される、「器官」(Organ) のもつような「奉仕性」(Diensthaftigkeit) である。それは、「全体」のなかに位置づけられた「できる」――役に立つ・使える――である (GA 29/30, GM: 330)。どちらも、何かのための力であるが、有用性のそれは、それを使う者を「欲望」の主体にするそれであるが、奉仕性のそれは、それを使う者を「全体」のなかで他者と「呼応」する主体にするそれである。

たとえば、一つの学校は、一つの組織であり、一つの「全体」である。校長をふくめ、教員は、学校経営・学級経営・授業実践などが「できる人」である。彼(女)らは、ふつうに呼びかけ、ふつうに応える。つまり「呼応」する。しかし、彼(女)らの考える「全体」が、自分の学校、自分の同僚、自分の学級といった意味づけにとどまるなら、また彼(女)らの行う「呼応」が、相手を説得する、命令に服従する、通念に追従するといった習俗に向かうなら、その学校は、支援(奉仕性)としての「できる」を忘却したままだろう。そして、希求としての「求める」を看過しつづけるだろう。

つまり、「全体」も「呼応」も、容易に存在論の思考から遠ざけられる。端的にいえば、「全体」を機能主義のもとにとどめるなら、「できる」の意味は、有用性にとどまる。家父長制家族、会社第一主義、全体主義・国家主義、という状態が思い浮かぶだろう。また、「呼応」を個人主義のもとにとどめるなら、「求める」の意味も、欲望にとどまる。承認されたい、表彰されたい、尊敬されたい、という状態が思い浮かぶだろう。「全体」と「呼応」を機能主義・個人主義を超えて存在論的に象るためには、何が必要か。ついでにいえば、「気分」を「空気」に矮小化しないためには、何が必要か。

3　感受し超越する

全体的かつ呼応的

私たちは、自分を何らかの「全体」のなかに位置づけようとする。その「全体」は、知覚としての眼には見えない。私たちは、この知覚的に見えない「全体」を象り、そのなかに自分を見定めようとする。その始まりは、つねに自分の足元・手元にあるものから、この身体に隣接するものからで、ある。そうした身近なものから、その彼方が想い象られる。具体的で現実的な何かから、抽象的で事実的な彼方が象られる。その象りは、およそ終わることがない。「私」も、まわりも、変わりつづけるからである。

そうした「全体」のなかで、私たちは、だれかの呼びかけについ応えてしまう。呼びかけを無視することは、かなりの、またしたくない努力を要する。私たちは、見知らぬ人からの呼びかけにも、ついつい応えてしまう。「呼応」しなければならない理由は、さしあたり何もないのに。しいていえば、私たちがつねにすでに独りであると感じること、直接的につながっていないと感じることが、その理由だろうか。「呼応」という、それぞれの表現の連鎖のみが、自・他の関係性を象り可能にするからだろうか。

私たちのなかには、「全体」をおのずから象り、他者とおのずから「呼応」するという、「人の自然」があるかのように見える。さしあたり、このように考えるなら、その「全体」も「呼応」も、つねに重層的に異化されている。すなわち、意味・価値としての通念的な「全体」「呼応」と、その余白・下地としての存在論的な「全体」「呼応」として。通念の「全体」は、たとえば、私の住む東京、日本、世界であり、通念の「呼応」は、たとえば、情報伝達、同情、共感である。存在論的な「全体」は「存在」であり、存在論的な「呼応」は「交感」(共鳴共振)である。

「存在」と「交感」

本書全体の流れからして敷衍されるべきことは、存在論的「全体」としての「存在」と、同じく存在論的「呼応」としての「交感」である。これらは、暗示されるものと暗示するものという関係にある。すなわち、「交感」は「存在」の表徴である。むろん、このハイデガー的な「存在」は、デューイのいう「全体」と似ているとも似ていないともいえる。しかし、さしあたり、これらのあいだに大きな齟齬はない、と考えよう。ちなみに、ハイデガーは、「私たちを貫き、取り巻き、まとめる全体としての存在が……世界である。……この世界は、歴史的に現れる存在[＝人]の知見(kunde)によって自分を告げ知らせる」と述べている(GA 38, LFWS: 168 傍点は引用者)。

さて、第1章でも述べたように、「交感」は、人が「自己」の意図・思惑を超えて、他者と感受性で交わることである。私たちの感受性は、豊か・鋭敏でもあれば、貧しく・鈍くもあるが、意識される知覚を越えて、およそつねにはたらいている。たとえば、なんとなく息・気があうという「阿吽の呼吸」と呼ばれる自・他の関係性は、たがいが、仕事であれ、研究であれ、何かを介しつつ、「交感」する状態である。また、鉋で0・1ミリの薄さで木を削る大工のわざも、大工と木が、道具を媒介としつつ、比喩的な意味であるが、「交感」する状態である。また、ピアニストがピアノが一体になっている感じることも、ピアニストとピアノが、楽譜を介しつつ、同じく比喩的な意味で「交感」している状態である(ちなみに、私の知っている五〇代、六〇代のピアニスト二人は、そうした「忘我」(ekstasis)の境地を経験したことは、これまでに二、三度しかない、と述懐している)。

人が、他者、道具だけでなく、森、山、海と「交感」する、というように、しだいに「交感」の相手を広げるとき、そこに自分が包含される「全体」が想い象られる。そのとき、物質・意味として語られてきた事物は、それらを超える、そしてそれらを下支えする「存在」の様相を帯びてくる。この「交感」が暗示する「存在」ないし「全体」(という象り?)は、私たちの他者・環境に対するはたらきかけの「性情(=質)」をよりよく変えていくだろう。自分の言動が他者と否応なくつながっているとすれば、自分は何をするべきか、どうしても「熟慮」(Deliberatio)せざるをえないからである。

ここで思いだされるのは、フランスの哲学者ランシエール(Ranciére, Jacques)が用いた「感性の分有」(partage du sensible)という言葉だろう。

ランシエールの感性

ランシエールは、一九九五年の『不和』という本のなかで、「ポリティーク(政治的なもの)」(politique)は「分け前のない人(sans-part)に分け前(part)を与える」行為である、と述べている(Ranciére, M: 34/38)。この「分け前のない人」とは、支配的機構とともに形成される制度的秩序(法律・規則など)によって、つねに虐げられる人である。ポリティークは、彼らのもつ「最終的な平等の実現を求める自由」に依りつつ、行われる。

このポリティークを支えているのは「アイステーシス」(aisthesis)である。確認しておくなら、そのラテン語訳が「エステティカ」(aesthetica)であり、そのフランス語訳が「エステティーク」(esthétique)、ドイツ語訳が「エステーティク」(Ästhetik)である。たとえば、ヘーゲル(Hegel, Georg Wilhelm F. 1770-1831)は、一八三五年の『美学講義』のなかで、「Ästhetik は、文字どおりにいえば、諸感覚(Sinne)の知である」と述べ、それは「快感・驚異・恐怖・共感など、芸術作品を生みだす感情に目を向けるときに生まれた」と述べている(HW 13, VA, 1: 13)。つまり、アイステーシス、エステティークは、「感受性（可感性）」（sensibilitas）に支えられた「知」である。

ランシエールは、この感受性に裏打ちされたエステティーク、すなわち感性が、人びとのあいだで分有されている、という。それが「感性の分有」（partage du sensible）と形容される、人の本来的な生の様態である。ランシエールは、この感性がどのようなものか、具体的に語っていない。そのはたらきだけを語っているように見える。すなわち、それはさまざまなポリティークを喚起する、と。たとえば、映画、写真、絵画、詩歌などを通じて、感性は、賦活され、もっともらしい制度的秩序を疑い、問い質し、「平等を実現する自由」に向かう力を呼びさます、と。

ようするに、表象するロゴスの言説は、平等を実現する自由の感性と連携しなければならない。この感性は、たとえば、人の「死」を死に方や死者の数としてとらえ、「ひどい」「安らか」などと形容し、そうした抽象的な死の概念とともに「哀悼の意」なるものを口にする、表象の思考（ハイデガーのいう「世人」の思考）を嫌悪する。この表象の思考は、しばしば「上から目線」をともなう。「人が人を裁く」という傲岸な視線を。この思考が、規範にすがりつき、自分の人としての感性を無視したものだからである。ランシエールは、たとえば「デモクラシー」も、この表象の思考に染まっているかぎり、ポリティークになりえない、と論じている（Rancière, HD）。

人は感受し超越する響き

たしかに、ランシエールが述べているように、私たちは自由に向かう感性を分有している、と考えられる。しかし、感性は、なぜ人を「分け前のない人に分け前を与える」という平等に向かわせるのか。この答えようのない問いに、私は、感性の本態である感受性が「自己」に属するのではなく、「自己」を超えて広がることだから、と答えてみたい。端的にいえば、感受性が「自己」の超越であること、人の思考が「知覚可能な世界」（sensory realm)を超えるから、と。念のために確認しておくなら、この超越は、中世の「全知全能」とも、現代の「超自然性」(supernatural)とも、無関係である。

この感受性の広がりは、たんなる知覚ではなく、知覚に依りつつ心のなかで想い象られたものである。想像力は、〈見えないもの〉を見ようとするとき、よくはたらく。その〈見えないもの〉は「詩的なもの、劇的なもの」といいかえられるだろう。デューイは、『哲学の再構築』において、「哲学する」ことの基礎は、「詩的なもの(poetry)であり、劇的なもの(drama)である」と述べている。「最終的に哲学を生みだす質料は、科学にも説明にもかかわらない。その質料は、想像や暗示から生まれる恐怖や希望を表現し表徴するものであり、理知的に確認される客観的事実の世界を意味するものではない。[ようするに]それは、科学ではなく、詩的なもの、劇的なものである」と(CWD, mw. 12, RP: 83)。

想像力を喚起する〈見えないもの〉として音楽を例示するほうが、感受性の広がりは、わかりやすいかもしれない。私たちが繰りかえし聴き、私たちの頭のなかで鳴り響く音楽は、私たちに取り憑いている何らかの律動、歌声、旋律であり、それは、心のなかの「情動的なもの」に見える。しかし、その音楽は、私だけでなく、他者においても鳴り響いているはずである。確かめようがないが、同じように。先にふれたハイデガーの「気分」のように、「すべての人を覆い、そこにある」のではないか。抜けるような青い空のもとにある人たちが、およそ晴れやかさを感じるように。そうであるとすれば、私たちの本態は、ラクー—ラバルト(Lacoue-Labarthe, Philippe)が述べているように、「ナルシス」(Narcissus)ないし「個人主体」ではなく、「響き」(echo)ないし「共鳴」(résonance)ではないだろうか(Lacoue-Labarthe 2015)。この「響き」「共鳴」の生じる場が、感受性の広がりである。

もっとも強い感受が「驚嘆」と呼ばれてきたとすれば、もっとも深い思考も感受性に支えられている、といえるだろう。ふりかえってみれば、「哲学」の主要な契機は「驚嘆」であった。たとえば、アリストテレスにとって人が「知恵」(sophia) を「愛する」(philein) 契機は「驚嘆」(thaumazein) であり、デカルトにとって人が「懐疑」する契機は「驚嘆」(admiration) であり、カントにとって人が「思考」する契機は「驚嘆」(Verwunderung) であった。ハイデガーにとって、こうした驚嘆は、意識的活動ではなく出来的事態である。すなわち「存在」が現れることで人が「襲われる」「おののく」こと、つまり「パトス」である(GA 27, WP: 22-3)。さしあたり、この「存在」が現れる人の思考が「感性」とも形容される、ということを確認したうえで、存在論とは、形象なき「存在」を想像し、他者と「呼応」する思考である、と措定しておこう。

さて、こうした存在論の思考は、見方を変えていえば、「忘却」されている「存在」を「想起」することである。最後に、「想起」(reminiscentia レミニセンティア) という概念のもつ含意について、ふれておこう。

4　想起される歓び

歓びの想起と形なき象り

ここで「想起」と訳す「レミニセンティア」は、現代心理学で使われる「レミニセンス」(reminisecence) の原語であるが、そう呼ばれる営みは、ヨーロッパ思想において古くから語られてきた。それは、プラトン、アリストテレスの「アナムネシス」(anamnesis) にさかのぼるが (Weinrich 1997; Bloch 2007)、文脈をキリスト教思想に限定すれば、その端緒は、アウグスティヌスの「レミニシ」(reminisci) に見いだされる。アウグスティヌスは『告白』のなかで、「私があなた[＝イエス]を知ってから、あなたは私の記憶のなかに留まっている。私は、あなたを想起し (reminiscor)、あなたに与る。記憶のなかのあなたを見いだして」と述べている (AO, C: 10. 24. 35)。

この「あなた」つまりイエスは、「浄福の生」(vitae beatae) の表徴である。アウグスティヌスによれば、だれもが「浄福の生」、すなわち何らかの「歓び」(laetitia) を希求している。人は、それをそれぞれの仕方で希求するが、それでもそれは「歓び」という一つの言葉で語られる。そして、アウグスティヌスは、「だれも、この歓びを経験したことがないとは言えない。したがって、『浄福の生』という名称を聞かされると、それが記憶のなかで再生され、確認される」と断じ (AO, C: 10. 21. 31)、さらに、この歓びへの志向は、人の「アニムス」(animus 生動性) に内在する「ほのかな灯り」(modicum lumen) である、と形容している (AO, C: 10. 21. 30; 10. 23. 33)。

アウグスティヌスにとって、イエスの「記憶」を「想起」することは、知性の「覚知 (知解)」することを支え、人を、他者を無条件に「愛」するという「意志」に立ち帰らせる。アウグスティヌスは、「私たちの思考 (cogitationis) の覚知 (intuitus) というはたらきは、[記憶を] 想起する (reminiscendo) ことがなければ、どこにも帰還しないし、[他者を無条件で] 愛することがなければ、[浄福という歓びに] 帰還しようと努めたりしない」と述べている (AO, T: 15. 21. 41)。ここに「私」(ego) が成り立つ。「私がこれら [＝想起・覚知・愛] によってはたらく」からである。私が想起し知解し、愛することを見いだすとき、その愛することは、はじめからそこにあったが、「私が、これを私の [想起し] 知解したもの、私の愛として、私の記憶のなかに見いだす」からである。端的にいえば、「私が記憶し、私が [想起し] 知解し、私が愛する」からである (AO, T: 15. 22. 42)※。

こうした歓びの想起とともに生じる「私」(エゴ) は、エゴイズムの「エゴ」とまったく異なる。後者のエゴにある愛は、自己愛であるが、前者のエゴを成り立たせる愛は、無条件の他者への慎慮、すなわちおのずから他者を支え援けることである。こうした他者への慎慮を想起することは、無条件の愛を生きたイエスを想起することである。したがって他者への慎慮は、第2章で述べた「形象なき象り」(像なき陶治)と重ねられるだろう。

※ちなみに、「ネオ・プラトニズム」の創始者といわれるプロティノス(Plotinus 205/6-270)も、キリスト教思想のいうメタノイアに類似する自己創出を語っているが、その契機も「想起」といえるだろう。プロティノスは、『エネアデス』(VI 7, 31. 17)において「魂[=アニマ]が大いなる善[=神]を愛するのは、はじめからそれを愛するように仕立てられているから」と述べているからである(Hadot 1997: 119から引用)。プロティノスの「神」は、キリスト教の「神」に似て、すべての生きものの源泉である。つまり、通念に満ちた日常を超越し「神」に向かうために必要な契機は、自分に内在するが忘れている愛を想起することである。その想起は、贈られた愛の「無償性」(gratuité)を思いだすことである(Hadot 1997: 80)。

「存在」の象り=想起

さて、ハイデガーのいう「存在」も、移り変わり流れ去る「時間的なもの」(Zeitliche)のなかで忘却されるが、形象なきまま想起される。「存在」は、さまざまな存在者が移り変わり流れ去り忘れ去られるなかで、繰りかえし浮かびあがる。「存在」は「思考されるべきそのこと」(vermutliche die Sache des Denkens)であり、「それが与える」(Es gibt)「こと」(Sache)である(GA 14, ZS: 7, 8, 9)。「存在は、それが与えるという意味で、贈りもの(Gabe)として与えられることのなかに、含まれている」(GA 14, ZS: 10)。

ハイデガーの「存在」は、したがって再現前させるべきもの、理想として掲げられるものではない。その「存在」は、失われたこととして真摯に思考されうる「こと」でしかない。イタリアの哲学者ヴァッティモ(Vattimo, Gianni)は、「[ハイデガーの議論に]見いだされるのは、あの神の姿の想起(reminiscence)、すなわち、神が立ち去りつつあるとき、モーセがその背中を見るということだろうか」と問いかけている(Vattimo/Girard 2010: 84)。ヴァッティモにとって、想起されべきものは、イエスではなく、旧約の「神」であるが、さしあたり、この違いを棚上げしていえば、彼にとって、人がこの超越者を想起せず、忘却したままだから、邪な欲望が繁茂し、傲岸が蔓延しつづける。ヴァッティモにとって、それは、ヨーロッパの歴史的宿命である。

ともあれ、アウグスティヌスの「歓びの想起」も、エックハルト由来の「形象なき象り」も、ハイデガーの「存在の思考」も、およそ重ねられるだろう。これらの言説が、存在者という、形象をともなうものを下支えしながらも、それから区別される〈変わらないこと〉——私の理解では——感受性の広がりとしての「存在」を象ろうとしている、と考えられるからである。

翻訳ではなく、想起を考える

このように考えられるなら、歓びへの志向は、「存在」の現れとして、人のうちでおのずから生じつづけているといえるだろう。いわば、その志向を現実的に想起することは、人にすでに贈られた力であると。

もしも人が、この想起の力に賭けるとき、他者へのかかわり方は変わってくるだろう。すなわち、他者により肯定的にかかわるうえで必要なことは、他者の言葉の意味に自分の理解を近づけることではなく——ましてや他者の言葉の意味を自分の理解に押し込むことではなく——他者の言説に固有的で不可視の歓びへの志向を見いだし、それを自分の言語活動のなかで象ろうと試みることだろう。そうすることで、自分の理解は、他者の理解とともに、より大きな不即不離の諸言説の広がりを構成するだろう。

したがって、想起の言説は、翻訳の可否を云々せず、想起されるものを問う。古来の文献であれ、友人の手紙であれ、自分の日記であれ、書かれたことの精確な理解は不可能である。「移し換える」(tranfer) ことは可能であるが、「写し置く」(translate) ことは不可能である。デリダにわざわざ「翻訳不可能性」といわれるまでもなく。それは、たしかに文化の多元性、人の多様性を暗示するが、表象主義にとらわれていなければ、ふつうのことである。少なくとも、想起の言説に即して考えるなら、なすべきことは、翻訳不可能性が暗示する多様性の承認を「公正」として宣揚することではない。

ともあれ、冒頭の区別に戻っていえば、想起という営みが、歓びへの志向に通じるものであるかぎり、それは、「欲望」から区別される「希求」、それも「超越」という「希求」といえるのではないだろうか。

結論 教育の理念を象る――犠牲の機制を離れて

Conclusion Vision of Educational Ideas: Aparting from the Victimary Mechanism

1 デモーニッシュな思考

論難の習俗という近代の遺制

デューイにとって「哲学は、本来的に批判（criticism）である」。それは「区別するという判断であり、気遣いのある評価である」。「区別されるものは、よさないし価値にかかわるものである」（CWD, lw. 1, EN: 298）。いいかえれば、デューイのいう「批判」は、よさに向かい、よりよい方途を選び示すことであり、他人の間違いを探すことでも、揚げ足を取ることでもない。ちなみに、現代物理学の主要な国際学術誌には、他人の論文を「論難」する間違い探し論文が掲載されないと聞いている。それは「下品」な行為であると。誤りをあげつらい、悦に入るかわりに、よいところをよりよくするための議論を展開せよ、といわれる。つまり「前に進め」（progredir）と。

ふり返ってみれば、近代日本の教育学言説は、いわば「論難の習俗《ハビトゥス》」にしばしば浸潤されてきたように見える。それは「○○論争」と呼ばれる言説に見いだされる。論争は、それが論難の応酬であるかぎり、その場で足踏みすることである。論難は、ランシエールのいう「ポリティーク」と似ても似つかない。それは、自己への、規範への執着を暗黙裏に前提にしつつ、さまざまな「利害」「意見」を論破し調停し、「合意」を生みだすという、所有的個人主義の政治的思考である。それは、基本的に他者の他者性を看過し、敵／味方という二項対立図式に他者を絡めとり、折伏を誇る態度、デューイ、ハイデガーがもっとも嫌悪した、支配欲の現れといえるだろう。

論難の習俗を過去の遺物とするとき、自己創出の現れである異化の肯定性が見えてくる。人の間違いではなく、社会構造・思想構造と呼ばれる規則性が析出される。薄ら笑いや慇懃無礼な態度ではなく、他者の他者性への気遣いが自然に現れる。巧妙に隠された肥大した「自己」ではなく、「もっとも豊穣で充溢な経験」に向かう。思考すべきことを思考することに専心できる。それは、デューイが承認論で示した感情の歪曲化を激減させる（第4章）。そしておそらく、私たちがすでにつねに生きている場、デューイが「全体」と呼び、ハイデガーが「世界」と呼んだ場が、ささやかながら、象られるだろう。

ともに在ると重苦しさ

論難の習俗を解体する方法は、教育の基礎概念をあらたに、避けられない抵抗・衝突・逃走が消え去るところ、いわば「消失点」（point de fuite）に向けて再構成することだろう。この消失点は、「放浪」「隠棲」「超自然」ではなく、存在論的思考をはたらかせつつ、既存の規範・制度の機能とつまづきを検討することで、デューイのいう「傾向性」（本書の第4章）に与りながら、私たちの現在の社会的実践を具体的によりよく再構成することだろう。精緻な予言者になることでも、傲慢な言辞を連ねることでもなく。

たとえば、木村敏や鷲田清一が展開している「臨床哲学」に、そうした存在論的思考を見いだすことができるだろう。極貧の子どもたちを「かわいそう」と思うことは、それが上から目線であれば、対等のではなく見下しの態度となる。普通とはちがう形姿の人を「ジロジロ見てはいけない」と思うことも、それがその人を無視するためならば、包摂ではなく排除となる。つまり、人を何らかの尺度で否定的に見ることではなく、人のいのちそのもの、けっして見ることのできないそれを、無条件に肯定的に見る＝感じること、一つのかけがえのないいのちそのものを――すでにこの世になくても――感受すること、それが、臨床哲学のおもな提案である（田中 2012）。

こうした存在論的思考は、レヴィナスが「理性」（raison）と呼ぶものに通じている。レヴィナスは、一九七四年の『在ることではなく、ないし存在の彼方に』において、いかなる人びともまさに自由に生きられる公共空間を設定しようとする思考を「理性」と形容している。そして、この理性の尺度を「正義」と呼んでいる（AA: 210, 202）。それは、人の能力を他の人の能力と厳正に比較することで、人のよさの程度を語るときに求められる、「公正としての正義」ではなく、一人ひとりにいのちそのものを見る＝感じるという倫理感覚である。レヴィナスのいう「大いなる他者の顔」（Le visage de l'Autre）の「顔」（visage ヴィサージュ）は、ラテン語の visus（ヴィスス）すなわち「見えるもの」に由来する言葉で、「無限」ないしいのちそのものの「現れ」（épiphanie）、つまりその表徴である。

レヴィナスにとって、他者と「ともに在る」（être avec）ことが、倫理の始まりであり、すべてである。ともに在ることは、ハイデガーのいう「共存在」、デューイのいう「コミュニケーション」と同じではないが、同じような位相にある。そうしたともに在ることは、歴史の名において語られる人類の目的（「最高善」や「完全性」）でもなければ、歴史の襞に隠されてしまうささやかな事実（「日々の暮らし」）でもなく、さまざまに描かれる「物語現実」としての歴史を創りだす素地ではないだろうか。その本態は、ありふれた感情でありながら、しばしば遮断したくなるが、遮断してしまうと嫌な気分になる「応答可能性」（responsabilité）ないし「気遣い」である。

デモーニッシュな思考——存在論的思考

人が、どこにいるとも、だれであるともわからない他者に対し「応答可能」(responsible) でありつづけることは、自然だろうが、重荷である。それは、たえず、いつのまにか、責められることだから。それでも、人は、その担いきれないだろう重荷を背負いながら、その応答を何とか語ろうとしつづけるだろう。その語りは、何らかの学術言説としての正当性や妥当性を問われる営みではない。それは、「哲学」ですらなく、たんなる「思考の痕跡」である。その思考の痕跡をもっともらしく論理的に「批判」したり「論駁」したりすることは、たやすいが、そうすることは、勘違いによる自己満足である。

その思考の痕跡は、眠れない夜半の悶々とした想いと同じで、悔恨だらけである。それは、三人称を前提とする事実的な営みではなく、一人称・二人称を前提とする現実的な営みである。できなかったことをするべきだったと考えることである。助けられなかった人を助けるべきだったと考えること、わからなかった人の想いをわかるべきだったのにと考えることである。そうした思考は、他者の彼方の呼び声に聴き従うことだろうが、現代社会は、この他者の彼方からの呼び声を理解するための文脈を消去しようとしているように見える。いわゆる「宗教」や、いわゆる「実証主義」によって、教育システムの教育、有用性・有能性を指向する社会構造のなかで。

ともあれ、確認しておくなら、こうした存在論的思考、ともに在ることがおのずから生みだすそれは、坂部恵に倣いつついえば、「デモーニッシュ」と形容される(坂部 2005: 23-5)。それは、キェルケゴール (Kierkegaard, Søren 1813-55) が『あれかこれか』で「感性的な」と形容している生の本態である。私自身のいささかの懐古趣味とともに、この「デモーニッシュ」(dimonisch) という言葉を用いるなら、存在論的思考はデモーニッシュである。存在論的思考は、つねに反省するが、その言葉を超えている。「交感」が同情を超えているように、この思考が「自己」を超えているからである。それは、たとえば、ニーチェのいう「力への意志」(der Wille zur Macht)、ドゥルーズのいう「大いなる存在の蠢動」(La clameur de l'Etre) の現れでもあるだろう。

人がこうした存在論的思考を無視し拒否するとすれば、それがデモーニッシュだからだろう。もちろん人は、思考の豊かさをのぞんでいるが、現実性に整合する思考をのぞんでいる。思考は、たとえば、若さ、美しさ、健康、富、名誉などといった、デモーニッシュから無縁の諸通念に結びついているとき、よく求められる。裸形の存在論的思考は、人を怯えさせたり、人から看過されたりする。しかし、この思考は、人に固有な自然ではないのだろうか。ちなみに、「デモーン」という言葉は、もともとは「悪魔」ではなく、ギリシア語の「ダイモーン」(daimon) に由来し、プラトンの用例に見られるように、人に内在しつつも人為を超えるものを意味し、ラテン語の「ゲニウス」(genius)、すなわち人に固有な天分(自然)を意味する。

2　イローニッシュな活動

圧倒的なものを象ること

カントに立ち返っていえば、人の思考は、「感性」と「知性」から成り立ち、それらの「不可知の根」が「超越論的想像力」である。「超越論的」と形容されるのは、この想像力が、あらゆる経験に先立ち、あらゆる経験を可能にする根本条件だからである (KW 2, KrV: B29, A115)。カントは、この人の思考の根本条件を十分に論じなかったが、ハイデガーは、この想像力に、存在者の「超越」(Transzendenz) という営みを見いだし、この営みが「本来的時間」(ursprüngliche Zeit) である、と論じている (GA 3, KPM: 71, 177)。

さしあたり、この「想像力」を、十分に確かめないままに、『判断力批判』で語られる「想像力」と重ねるなら、この想像力は、「崇高さ」(Erhaben)と呼ばれるような、いわば「圧倒的なもの」(quantum クアントゥム)に出会うとき、その限界につきあたる、といえるだろう。この限界において、人は「本来的時間」すらも止めてしまうだろう。いわば、時間が流れず、止まっているような感覚に襲われるだろう。むろん、そこでも物理的時間は流れているが、心は、圧倒的なものにとらえられ、思考を停止してしまうかもしれない。

とすると、この圧倒的なものは、もはや想像されえないものだろうか。そうかもしれないが、それでも、人は、この圧倒的なものを象る、すなわち想い描き、演じ奏で、語り詠うだろう。その象りは、表徴にとどまろうとも、表象になりさがろうとも、終わることなくつづくだろう。ハイデガーが『ニーチェⅠ』において、「理性の詩的本態」(Der dichtende Wesen der Vernunft)と呼んだものは、おそらくこの不断の象りではないだろうか(GA 6.1, N1: 524; 門脇 2010: 94-5)。少なくとも、人は、圧倒的なものに出会うとき、どのようなかたちであれ、それに近づこうとしつづけるのではないだろうか。

しかし、そこには、大きな陥穽があるように思われる。

犠牲の機制から離れて

先にふれたヴァッティモは、「ハイデガーの哲学は、およそ意識的に行われた、ユダヤ—キリスト教的な啓示の哲学的翻案(と解釈可能)である」と述べている(Vattimo/Girard 2010: 80)。ヴァッティモにとって、ユダヤ—キリスト教的な「啓示」(revelatio)は、「犠牲の機制」(victimary mechanism)と一体である。それは、自分の能力・生命を犠牲にして他者を救うことであり、その圧倒的である崇高さによって、人びとを共鳴共振させ、一つに収束させることである。ヴァッティモから見るなら、ハイデガーがめざしたことは、この「犠牲の機制」を人びとの「共存在」のなかに見いだすことによって、ギリシア的形而上学の語る存在の概念を乗り越えることである。

ヴァッティモのハイデガー解釈の当否はともかく、ヴァッティモのいう「犠牲の機制」は、たしかにキリスト教において――パウロに由来する――「ケノーシス」(Kenosis) と呼ばれる、人の生をもっとも高める言動の基本構造であるといえるだろう。ケノーシスは、イエスが、神としての能力を放棄し、無力な人となり、人を支え援け、人の犠牲となること――「受難」(Passio) 呼ばれる刑死を遂げること――である。それは、近代以降「サブジェクト」すなわち「主体」と化してしまった「スプイェクトゥム」(subjectum) が本来的に意味していた生の様態、すなわち、他者を「下支えする」生き方に通じる生の様態である。

しかし、ヴァッティモのいうこうした「犠牲」は、キリスト教の「アガペー／カリタス」(agape/caritas) から区別されるべきである。そのアガペーの大前提は、他者とともに在ることである。それは、だれかの犠牲となることであり、死者としてだれかとともに在ることをふくみうるが、そうした共存在は、キリスト教のアガペーの第一義ではないのではないだろうか。意図的な犠牲は、どうしようもなく採られる、最後の方途であり、「再生」というあの崇高な行為として宣揚されるべきことではないのではないか。なるほど、それは、たしかに「崇高」と形容できるが、生の理想として標榜されるべきではないのではないか。

かりに、「犠牲」を生の理想の座から引きずり降ろせるなら、古来、前提にされてきた「否定されるべき現在／回復されるべき本来」という二項対立図式も廃棄できる。イエスの自己犠牲という過去は、キリスト教的な「想起」によって「再生」されるべき本来性ではなくなる。たしかにハイデガーは、「存在の忘却」を、自分たちの生きている現実として語ったが、ヴァッティモと違い、私は、そこに「犠牲の忘却」はふくまれていない、と考えている（こうした私の考え方を論証・引証する用意が、私にはないが）。

ともあれ、ここでいう存在論は、たしかに「存在」を「想起」する思考であるが、それに犠牲の機制をふくめることなく、気遣い感受する歓びとともに「ともに在る」ことをいつのまにか感覚し思考することをめざす。それはまた、「存在」を未来において「現前」させることなどではなく、その喪失を現在においてただ「想起」することをめざす。私たちが「存在」をつねにすでに忘却していると如実に感じ考えることを。それは、いわば「存在」ないし「全体」の残響のうちにだれかと「ともに在る」ことである。

イローニッシュな活動——弱さの力

存在論的にともに在ることは、デモーニッシュな思考に裏打ちされつつ、「イローニッシュ」（ironisch）である。キェルケゴールのイロニー論（「哲学的断片への結びの学問外れの後書」）に与りつついえば、ここでいうイロニーは、「皮肉・揶揄」「無知を装うこと」ではなく——ちなみに、バーンスタインが指摘しているように、ローティは、キェルケゴールのイロニーを「風刺、戯画、警句」と理解しているが（Bernstein 2016: 75）——有限性としての人が、具体的情況のなかで、反問的に無限性（超越者）を希求し、そこに矛盾を生じさせることで生じる、脱通念化（＝異化）である。キェルケゴールにとってこのイロニーは、霊性による「形象なき象り」によって生じる（SK 10, AuE: 180-1）。この超越者をもちこまずにいえば、こうしたイロニーは、通念が支配する具体的情況のなかで、形象化しえない「存在」や「全体」に想像的に向かうことで通念を棚上げすることである、といいかえられる。

このような意味のイローニッシュ（イロニー的なもの）は、たとえば、鷲田清一が論じる「弱さの力」を実践することである（鷲田 1999; 2001; 2005）。「弱さの力」は「存在の訴え」を聴く力である（鷲田 2005: 281）。鷲田のいうその概念を私なりに引き取り、少しだけ敷衍しよう。通念において、「力」と呼ばれるものは、強さに回収されるが、それを弱さに見いだすこともできる。通念において、「力」は、「強い（できる）」という意味づけのなかに見いだされるが、他者とのつながりのなかでの「弱い（できない）」営みが、人を支え援ける活動となることもある。その活動は、言葉にしたとたん、うさんくさくなるが、敢えて試みるなら、それは、たとえば、大切な人を「待つこともなく待つ」こと、苦しむ人に何もできずにただそばに居ること、ほんの数日ともに過ごした子猫の死を悲しみ、ことあるごとに想いつづけること、自分に対し赦しえないことをした他者を赦すこと、自分の傲慢さにあきれながらも、他者をぎこちなく気遣うこと、などである。

こうしたイローニッシュなともに在ることは、合理的に「わかる」ことではない。いいかえれば、それは、いわゆる「知識」に回収されない。いわゆる知識は、「わかる」という意味づけのなかに見いだされるが、イローニッシュな営みは、自分でもどうしてそうするのかがわからない矛盾である。それは、たとえば、アウグスティヌスが「私があなたを愛しているとき、私を何を愛しているのか」と問いかけたことに似ている（AO, C: 10. 6. 8）。アウグスティヌスにとって、「あなた」への愛は、心情的には切実であるが、合理的には不可知である。アウグスティヌスは、愛されるに値する「あなた」の意味規定――「あなたとは何か」の正しい答え――など望んでいない。いつのまにか、「私」が「あなた」に魅了されること、いいかえれば、アウグスティヌスは、「私」を突き動かす「愛する」力という、〈見えないもの〉＝内在性を考えつづけ、ずっと大切にしようとしている。

教育の理念を象ること

こうした存在論的思考においては、現行の教育の事実的趨勢の大きさは、それからずれる教育の理念の象り教育システムの機能に解消してもよいと考える理由にはならない。

巨大な規則性のなかで教職教育論が方法論を展開していようとも、そうした社会的・教職的な現実性は、教育を有用性・有能性に大きく傾いているこの社会・世界の巨大な趨勢に傅くように行われていようとも、また、その自己利益・自国利益、を諦める理由にならない。いわゆる「教育」という営みが、教育システムによって担われ、

なぜなら、存在論的思考においては、教育システムの教育を越える教育、それからずれる教育を理念として象る自由が、つねにすでに私たちの多くに贈られているからである。(私にとって)その思考の自由は、存在論的思考とともにある。存在論的思考のなかで、通念としての「人格」概念も、「陶冶」概念も、「経験」概念も、「知性」概念も、そして「超越」概念も、いくらか生き生きとしたものへと再構成される。本書のこれまでの試みは、こうした概念を存在論的なそれにずらすという試みであり、時代・社会の趨勢を受け流しつつ、私たち一人ひとりがほかならないだれかに向きあいつつ、教育の理念を象るための準備作業である。その象りは、いつも新しい。

いいかえれば、序章で述べた「教育は自己創出への支援である」という措定は、だれかがおのずから然る(自己を超越しつつ他者とともに在る)ことを、「私」が支え援けることを意味している。「おのずから然る」ことは、「とは何か」と問われることではなく、「のはだれか」と問われることである。したがって「支え援ける」のは「私」にほかならない。こうした教育の措定は、「私」と「あなた」が無条件の呼応の関係を生成するという現実的実在に支えられている。「教育」をいくら客観的に定義しても、「存在」に与る教育は象られない。「存在」に与る教育を客観的・一般的に象ることなど、不可能だろう。その象りは、本来的に固有特異な「私」が試みることであり、おそらくカントのように、ああ、もう時間がない、と嘆いて終わることだろう。

ここでいう自己創出、すなわちおのずから然ることは、人がそれぞれ固有に「存在」に与ることである。〈教育は、

想像力に一つの方向性を与え、それを真のテロスに結びつけ、さらに無限の超越性に導くことである〉と、教育を一般的に理念化することではない。そのような教育は、つまるところ「自己教育」、すなわち理想と現実の二分法のもとに自分を置き、自分を理想へと駆り立てることであり、どんなに卓越の能力、公正な秩序、厳正な真、高邁な善、崇高な美を理想にかかげようとも、それを欲望する「自己」を肥大化させる。したがって、その種の教育は、どんなに感情的な躍動、市民的な連帯、社会的な承認、祝祭的な忘我を生みだそうとも、慎慮でありである「存在」を忘却する。「自己」が「存在」のもとに立ち帰る多様で無数の現実的道筋が、ここでは「自己創出」と呼ばれている。

こうした意味の自己創出への支援は、ほかならない「私」が、ほかならない「あなた」の自己創出を喚起する・誘発する・招来する、ということである。この営みは、具体的で固有的であり、これこれと表象的・一意的に規定できない。「あなた」の固有本来の自己創出がどのようなもので、どこに向かうのか、「私」は知らない。ここで私が自己創出の支援について抽象的に語りうることは、自己創出の特徴だけである――すなわち、人の自己創出は、〈見えないもの〉である「存在」を感じ、世界の「全体」を象ることであり、また「自己」を超越し、他者と「交感」することであり、さらにこうした営みが歓びに彩られていることを「想起」することである、と。しいていえば、こうした特徴を終わりなく知ることが、支援の基礎である。

自分なりの自己創出の理念を象るための知性は、すでに私たちの多くに贈られている。デモーニッシュな思考として。それを忘却するのも、活動させるのも、私たち自身である。この知性は、規範命題として掲げられ学習されるものではなく、かつて「心の眼」と呼ばれたように、私たち一人ひとりが〈見えないもの〉を感じ・考えるという想像的営為である。私が語ってきたことは、新しい自己創出の理念を象るという可能性の現実的実在である。それは、いくらか条件づけるなら、犠牲の機制を離れて、忘却した覚えがなくても忘却されていることを「想起」すること、すなわちそれに「向かいつつ思考する」(An-denken) ことである。イローニッシュな活動として。

会ったこともない人に出会い、まさに自分が生きることを考えさせられ、自分の生きざまがおのずから変わるという経験、出会いという出来とともに、自分がいつのまにか異化すること。こうした異化の経験は、いつでも、だれにでも、起こりうることである。こうした経験を自己創出として語り、教育の理念に組み入れるためには、教育システムの教育を相対化しながら、私たち自身の〈よりよく生きるようとする〉営みを象ることが必要であった。少なくとも私にとってのその象り方は、存在論的思考に依るそれであった。ちなみに、あなたにとってのそれは、どのような思考だろうか。

文献

稲垣良典　2002　「知恵」新カトリック大事典編纂委員会編『新カトリック大事典』研究社．

大田堯　1983『教育とは何かと問いつづけて』岩波書店．

勝田守一　1970　『教育と教育学』岩波書店．

門脇俊介　2002　『理由の空間の現象学――表象的志向性批判』創文社．

門脇俊介　2010　『破壊と構築――ハイデガー哲学の二つの位相』東京大学出版会．

金子晴勇　1982　『アウグスティヌスの人間学』創文社．

金子晴勇　2002　『ヨーロッパの人間像』知泉書館．

坂部恵　1997『ヨーロッパ精神史入門――カロリング・ルネサンスの残光』岩波書店．

坂部恵　1998　「知性」『岩波哲学・思想辞典』岩波書店．

坂部恵　2005　『モデルニテ・バロック――現代精神史序説』哲学書房．

櫻井佳樹　2015　「「教養」概念の比較思想史研究」小笠原道雄編『教育哲学の課題――教育の知とは何か』福村出版．

田中智志　2005『人格形成概念の誕生――近代アメリカの教育概念史』東信堂．

田中智志　2012　『教育臨床学――〈生きる〉を学ぶ』高陵社書店．

田中智志　2015　「デューイ教育思想の基礎――自然の呼応可能性」橋本美保／田中智志編『大正新教育の思想――生命の躍動』東信堂．

田中智志　2017『共存在の教育学――愛を黙示するハイデガー』東京大学出版会．

田中智志　近刊　『超越性の教育学――強度とメリオリズム』東京大学出版会．

谷川俊太郎　2018　『聴くと聞こえる――On Listening 1950-2017』創元社．

中島義道　2014　『反〈絆〉論』筑摩書房.
西部邁　2005　『昔、言葉は思想であった――語源から見た現代』時事通信社.
西村拓　2017　「木村素衞の教育思想のアクチュアリティ――実践における「イデア」の生成と「否定」に媒介された肯定性」『奈良女子大学文学部研究教育年報』14.
[日国]　2000-2　『日本国語大辞典』全13巻、小学館.
藤原敬子　1981　「我が国における「教育」という語に関しての一考察」慶應義塾大学編『哲学』73: 205-26.
細谷恒夫　1962　『教育の哲学――人間形成の基礎理論』創文社.
ボルノー、Ｏ・Ｆ（浜田正秀訳）　1973　『哲学的教育学入門』玉川大学出版部.
牧野英二　2007　『崇高の哲学――情感豊かな理性の構築に向けて』法政大学出版局.
山名淳　2015　「「陶冶」と「人間形成」」小笠原道雄編『教育哲学の課題――教育の知とは何か』福村出版.
ランゲフェルド、Ｍ・Ｊ（岡田渥美・和田修二監訳）1974『教育と人間の省察』玉川大学出版部.
リンドネル、Ｇ・Ａ（湯原元一訳補）　1893　『倫氏教育学』金港堂書籍会社.
鷲田清一　1999　『「聴く」ことの力――臨床哲学試論』ＴＢＳブリタニカ.
鷲田清一　2001　『〈弱さ〉のちから――ホスピタブルな光景』講談社.
鷲田清一　2005　『〈想像〉のレッスン』ＮＴＴ出版.
和田修二　1995　『教育する勇気』玉川大学出版部.
渡辺和子　2005 (1988)　『「ひと」として大切なこと』ＰＨＰ研究所.

*

Alexander, Thomas M. 1987 *John Dewey's Theory of Art, Experience, and Nature: The Horizons of Feeling*. Albany, NY: State University of New

York Press.

Alexander, Thomas M.　1993　"John Dewey and the Moral Imagination: Beyond Putnam and Rorty toward a Postmodern Ethics," *The Transactions of the Charles S. Peirce Society* 29: 3: 369-400.

Aquinas, Thomas　2006　*Thomas Aquinas*, *Ecclesiae Doctores*, *De Ecclesiae Patribus Doctoribusque*, *Documenta Catholica Omnia.* Cooperatorum Veritatis Societas. [www. documentacatholicaomnia. eu]. [Aと略記]

ST = *Summa Theologiae.*　/　1960-2012　トマス・アクィナス（高田三郎・稲垣良典ほか訳）『神学大全』（全36巻）創文社．

Augustinus, Aurelius　2006　*Aurelius Augustinus*, *Migne Patrogia Latina*, *Documenta Catholica Omnia.* Cooperatorum Veritatis Societas.　[www. documentacatholicaomnia.eu]. [AOと略記]

C = *Confessionum,* PL 32.　/　2007　アウグスティヌス（宮谷宣史訳）「告白録」上・下『アウグスティヌス著作集』第5―Ⅰ・Ⅱ巻 教文館．

CSM = *Contra Secundinum Manichaeum,* PL 42.

DCD = *De Civitate Dei contra Paganos,* PL 41. / 1981　アウグスティヌス（赤木善光／泉治典／金子晴勇ほか訳）「神の国」1～5『アウグスティヌス著作集』第11～15巻 教文館．

DDC = *De Doctrina Christiana*, PL 34.　/　1988　アウグスティヌス（加藤武訳）「キリスト教の教え」『アウグスティヌス著作集』第6巻 教文館．

DGaL = *De Genesi ad litteram*, PL 34. / 1996　アウグスティヌス（片柳栄一訳）「創世記註解」1・2『アウグスティヌス著作集』第16・17巻 教文館．

DLA = *De Libero Arbitrio*, PL 32.　/　2015　アウグスティヌス（泉治典訳）「自由意志」『アウグスティヌス著作集』第3巻 教文館．

DM = *De musica*, PL 32. / 2015　アウグスティヌス（原正幸訳）「音楽論」『アウグスティヌス著作集』第3巻 教文館．

DT = *De Trinitate,* PL 42. / 2004　アウグスティヌス（泉治典訳）「三位一体」『アウグスティヌス著作集』第28巻 教文館．

DVR = *De Vera Religione*, PL 34. / アウグスティヌス（茂泉昭雄訳）「真の宗教」『アウグスティヌス著作集』第2巻 教文館.

DVD = *De Videndo Deo, seu Epistola* 147, PL 33. / 2003 アウグスティヌス（菊池伸二訳）「神を見ること、あるいは手紙一四七」『アウグスティヌス著作集』第27巻 教文館.

M = *De Magistro*, PL 32. / 1979 アウグスティヌス（赤木善光ほか編訳）「教師論」『アウグスティヌス著作集』第6巻 教文館.

Baczko, Bronislaw 1978 *Lumières de l'utopie*. Paris: Payot. / 1990 バチコ（森田伸子訳）『革命とユートピア——社会的な夢の歴史』新曜社.

Baczko, Bronislaw ed. 1982 *Une éducation pour la démocratie : textes et projets de l'époque révolutionnaire*. Paris: Garnier frères.

Benner, Dietrich. 1978 *Hauptströmungen der Erziehungswissenschaft: eine Systematik traditioneller und moderner Theorien*. München: List Paul Verlag.

Bernstein, Richard J. 2010 *The Pragmatic Turn*. Cambridge: Polity Press. / 2017 バーンスタイン（広瀬覚／佐藤駿訳）『哲学のプラグマティズム的転回』岩波書店.

Berstein, Richard J. 2016 *Ironic Life*. Malden, MA: Polity Press.

Bloch, David 2007 *Aristotle on Memory and Recollection: Text, Translation, Interpretation, and Recption in Western Scholasitism*. Leiden: Brill NV.

Bothe-Scharf, Monika 2010 "Bildung: the formation of a genteel character?" in Gaus/Drieschner 2010, pp.67-78.

Camus, Albert 2006 *Œuvres completes*. Paris: Éditions Gallimard.

Carus, Carl Gustab 1851 *Physis: Zur geschichte des Leiblichen Lebens*. Stuttgart: G. B. Scheitlin's Verlagshandlung.

Cocalis, Susan L. 1978 "The Transformation of "Bildung" from an Image to an Ideal", *Monatshefte* 70 (4) : 399-414.

Collingwood, Robin George 1945 *The Idea of Nature*. Oxford: Clarendon Press. / 2002 (1980) コリングウッド（平林康之／大沼忠弘訳）『自然の観念』みすず書房.

Deleuze, Gilles 1988 *Le Pli: Leibniz et le Baroque*. Paris: Éditions de Minuit. / 1998 ドゥルーズ（宇野邦一訳）『襞——ライプニッツとバロック』河出書房新社.

Dewey, John 2008 *The Collected Works of John Dewey, 1882-1953*. ed., Jo Ann Boydston. Carbondale, IL: Southern Illinois University Press

（CWD と略記 Early Works = ew / Middle Works = mw / Later Works = lw）.

MPC = "My Pedagogical Creed"（1897, ew. 5）.

DE = *Democracy and Education*（1916, mw. 9）.

RP = *Reconstruction in Philosophy*（1920, mw. 12）.

EN = *Experience and Nature*（1925, lw. 1）.

PF = *"Philosophy of Freedom"*（1928, lw. 3）.

QT = "Qualitative Thought"（1930, lw. 5）

E = *Ethics*（1932, lw. 7）.

HWT = *How We Think*（1933, lw. 8）.

CF = *Common Faith*.（1934, lw. 9）.

L = *Logic: The Theory of Inquiry*（1938, lw. 12）.

Dreyfus, Hubert L. 1984 "Knowledge and Human Values: A Genealogy of Nihilism," Daglas M. Slaon, ed. *Toward the Recovery of Whoeness: Knowledge, Education, and Huamn Values*. New York: Teachers College Press.

Dreyfus, Hubert / Tayor, Charles 2015 *Retrieving Realism*. Cambridge, MA: Harvard University Press. / 2016 ドレイファス／テイラー（村田純一監訳）『実在論を立て直す』法政大学出版局.

Eckhart, Johannes 1986 *Die Deutschen Werke*, im *Die Deutschen und Lateinischen Werke*, hrsg. im Auftrag der Forschungsgemeinschaft, Stuttgart: W. Kohlhammer Verlag.［EDL, DW と略記］

Eckhart, Johannes 1986 *Die Lateinischen Werke*, im *Die Deutschen und Lateinischen Werke*, hrsg. im Auftrag der Forschungsgemeinschaft, Stuttgart: W. Kohlhammer Verlag.［EDL, LW と略記］

Fitzgerald, Allan D. 1999 *Augustine through the Ages: An Encyclopedia*. MI: Wm B. Eerdmans Publishing.

Frankl, Viktor E. 2009（1948）*Der unbewußte Gott: Psychotherapie und Religion* München: Deutscher Taschenbuch Verlag. / 2016（1962）フラ

ンクル（佐野利勝・木村敏訳）『識られざる神』みすず書房．

Gaus, Detlef / Drieschner, Elmar hrsg. 2010 *'Bildung' jenseits pädagogischer Theoriebildung? : Fragen zu Sinn, Zweck und Funktion der Allgemeinen Pädagogik*. Wiesbaden: VS Verlag.

Green, Thomas H. 2003 (1883) *Prolegomena to Ethics*, Oxford: Clarendon Press. [PE と略記]

Hadot, Pierre 1981 *Exercices spirituels et philosophie antique*. Paris: Institut d' Études Augustiniennes.

Hadot, Pierre 1996 *Qu'est-ce que la philosophie antique?* Paris: Éditions Gallimard.

Hadot, Pierre 2004 *Le voile d'Isis: Essai sur l'histoire de l'ideee de nature*. Paris: Éditions Gallimard.

Hegel, Georg Wilhelm Friedrich 1986 *Werke*, 20 Bden. Frankfurt am Main: Suhrkamp Verlag.

VA = *Vorlesungen über Ästhetik*, 1835, Bd. 13.

Heidegger, Martin 1975- *Martin Heidegger Gesamtausgabe*. Frankfurt am Main: Vittorio Klostermann. / 1985- ハイデガー（辻村公一／茅野良男／上妻精／大橋良介／門脇俊介ほか訳）『ハイデッカー全集』全102巻（予定）創文社． [GA と略記]

KPM = *Kant und das Problem der Metaphysik*, GA, Bd. 3.

N1 = *Nietzsche I*, GA, Bd. 6.1.

ZS = "Zeit und Sein," GA, Bd. 14.

PIK = "Phänomenologische Interpretation von Kants Kritik der reinen Vernunft," GA, Bd. 25.

EP = "Einleitung in die Philosophie," GA, Bd. 27.

GM = "Die Grundbegriffe der Metaphysik," GA, Bd. 29/30.

VWmF = "Vom Wesen der menschlichen Freiheit," GA, Bd. 31.

LFWS = *Logik als die Frage nach dem Wesn der Sprache*, GA, Bd. 38.

Heidegger, Martin 2001 *Sein und Zeit*. Tübingen: Max Niemeyer Verlag. / 2003 ハイデガー（原佑／渡邊二郎訳）『存在と時間』Ⅰ・Ⅱ・Ⅲ 中央公論社． [SZ と略記]

Humboldt, Wilhelm von 1967/8 *Gesammelte Schriften*, hrsg. v. der Königlich Preussischen Akademie der Wissenschaften, 17 Bde. Berlin: Walter de Gruyter & Co. [HGS と略記]

UVmS = *Über die Verschiedenheit des menschlichen Sprachbaus und ihren Einfluss auf die geistige Entwicklung des Menschengeschlechts*, 1836, Bd. 7.

Hume, David 2000 *A Treatise of Human Nature*. Oxford: Oxford University Press. [THN と略記]

Kant, Immanuel 1974 *Immanuel Kant Werkausgabe*, 12 Bdn. Frankfurt am Main: Suhrkamp Taschenbuch Verlag. [KW と略記] / 1999-2006 カント（坂部恵・有福孝岳・牧野英二編）『カント全集』全二二巻 岩波書店.

KrV = *Kritik der reinen Vernunft*, KW, Bd. 3/4. / 2013 カント（石川文康訳）『純粋理性批判』上・下 筑摩書房.

KpV = *Kritik der praktischen Vernunft,* KW, Bd. 7. / 2000 カント（坂部恵／伊古田理訳）「実践理性批判」全集7.

MS = *Die Metaphysik der Sitten,* KW, Bd. 8. / 2002 カント（樽井正義・池尾恭一訳）「人倫の形而上学」全集11.

MAM = “Muthmasslicher Anfang der Menschengeschichte,” KW, Bd. 11. / 2000 カント（望月俊孝訳）「人間の歴史の憶測的始原」全集14.

UP = *Über pädagogik*, KW, Bd. 12. / 2001 カント（湯浅正彦／井上義彦／加藤泰史訳）『教育学』全集 17.

Kierkegaard, Søren 1962-78 *Søren Kierkegaard* Samlede *Værker,* udgivne af A. B. Drachmann, J. L. Heiberg og H. O. Lange, tekst og Noteapparat gennemset og ajourfort af Peter P. Rohde, 20 Bind. Kjøbenhavn: Gyldendal. [SK と略記]

AuE = “Afsluttende uvidenskabelig Efterskrift,” 1846, SK, Bd. 9-10. /「哲学的断片への結びの学問外れの後書（1）／（2）」大谷長監修『キェルケゴール著作全集』第6／7巻 創言社.

Lenoble, Robert 1969 *Histoire de l'idée de nature*. Paris: Albin Michel.

Lévinas, Emmanuel 1990 (1961) *Totalité et infini : essai sur l'extériorité*. Paris: Librairie générale française (Le Livre de Poche). [TI と略記]

Lévinas, Emmanuel 2004 (1974) *Autrement qu'être ou au-delà de l'essence*. Paris: Librairie générale française (Le Livre de Poche). [AA と略記]

Lichtenstein, Ernst 1971 “Bildung” in Joachim Ritter/Karlfried Gründer/Gottfried Gabriel, Hrsg., *Historisches Wörterbuch der Philosophie,* Bd. 1, Basel/Stuttgart: Schwabe Verlag, SS. 921-37.

Lacoue-Labarthe, Philippe 2015 *Pour n'en pas finir : Ecrits sur la musique*. Paris: Christian Bourgois Editeur.

Luhmann, Niklas und Schorr, Karl E. 1988 *Reflexionsprobleme der Erziehungssystem*. 2 Aufl. Frankfurt am Main: Suhrkamp Verlag.

Luther, Martin 1883-1929 *D. Martin Luthers Werke: Kritische Gesamtausgabe, Abteilung 1, Schriften*, 56 Bds. Weimar: Verlag Hermann Böhlaus Nachfolger.［WAと略記］

TLC = "Tractatus de libertate christiana," WA, Bd. 7. / 1963 ルター（山内宣訳）「キリスト者の自由」ルター著作集編集委員会編『ルター著作集』聖文舎，第1集第2巻.

Marcel, Gabriel 1940 *Du refus a l'invocation*. paris: Éditions Gallimard. / 1968 マルセル（竹下啓次・井藤晃訳）「拒絶から祈願へ」『マルセル著作集』3 春秋社.

Maturana, Humberto R. / Varela, Francisco J. 1984 *El árbol del conocimiento: las bases biológicas del entendimiento humano*. Santiago de Chile: Editorial Universitaria. / 1987 マトゥラーナ／バレーラ（管啓次郎訳）『知恵の樹――生きている世界はどのようにして生まれるのか』朝日出版社.

Mollenhauer, Klaus 1987 *Vergessene Zusammenhänge: Über Kultur und Erziehung*. Weinheim: Juventa Verlag. / 1987 モーレンハウアー（今井康雄訳）『忘れられた連関』みすず書房.

Oelkers, Jürgen 2007 "Lernen versus Wissen: Eine Dichotomie der Reformpädagogik," *Allgemeine Pädagogik*, Pädagogisches Institut der Universität Zürich.［www.paed.uzh.ch/ap］.

OLD 2012 *Oxford Latin Dictionary*, 2nd edn. Oxford: Oxford University Press.

Pinker, Steven 2002 *The Blank Slate : The Modern Denial of Human Nature*. New York : Viking Press. / 2004 山下篤子訳『人間の本性を考える』上／中／下巻 日本放送出版協会.

Ranciére, Jacques 1995 *La mésentente: politique et philosophie*. Paris: Éditions Galilée. / 2005 ランシエール（松葉祥一／大森秀臣／藤江成夫訳）『不和あるいは了解なき了解』インスクリプト．［Mと略記］

Ranciére, Jacques 2000 *Le partage du sensible: esthétique et politique*. Paris: La Fabrique Éditions. / 2009 ランシエール（梶田裕訳）『感性的

なもののパルタージュ』法政大学出版局．〔PSと略記〕
Ranciére, Jacques 2005 *La haine de la démocratie*. Paris: La Fabrique Éditions. / 2008 松葉祥一訳『民主主義への憎悪』インスクリプト．〔HDと略記〕
Smith, Adam 1976 *The Theory of Moral Sentiments: The Glasgow Edition*. Oxford: Oxford University Press. 〔TMSと略記、引用個所はグラスゴー版表示で示す〕
Schürmann, Reiner 1982 *Le principe d'anarchie: Heidegger et la question de l'agir*. Paris: Éditions du Seuil.
Vattimo, Gianni / Girard, René 2010 *Christianity, Truth, and Weakening Faith: A Dialogue*. New York: Columbia University Press.
Weinrich, Harald 1997 *Lethe: Kunst und Kritik des Vergessens*. München: C.H. Beck.
Wilde, Mauritius 2000 *Das neue Bild vom Gottesbild: Bild und Theologie bei Meister Eckhart*. Freiburg: Academic Press Fribourg.

あとがき

本書を著すきっかけは、山田肖子さん（名古屋大学）と天童睦子さん（宮城学院女子大学）が篤い想いとともに企画された越境ブックレットシリーズにかかわるようになったことである。そこで、なんとなく、私が同シリーズの「第0巻」、いわば序論的なものを書くことになった。

第1章は、「何が「パーソン」と呼ばれるのか」と題した、ある講演会の原稿（二〇一八年）の、ほぼそのままである。第2章は、「近代教育学批判――陶冶と形象」と題した未定稿（一九八九年）を確定させたものである。第3章は、今回、新たに書き下ろした。第4章は、「「知性の方法」とは何か――デューイの価値具現論」と題した東京大学大学院の演習資料（二〇一六年）を書きなおしたものである。第5章は、「感受性の超越性――「教育と宗教」について」と題した教育思想史学会の紀要『近代教育フォーラム』（二〇一七年）に掲載されている論文を一部ふくんでいる。ちなみに、第2章の未定稿は、三〇歳ころに書きあぐね、三〇年近く放置していたものである。

ハイデガーがいうように、「そもそも言葉はどこに在り、いかに在るか」は、いかなる「本質」にも先立つ問いである。「言葉は……人の在りように応じてのみ在る」（GA 38, LFWS: 167）。人は、「言葉を使う動物」と言われてきたが、西部邁が言うように「言葉に操られてしまう動物」でもある。人の言葉が通念的であればあるほど、人の思想は通念的になる。

言葉の通念性は、言葉の超越と一対である。現実性を超越する言葉がなければ、言葉の通俗性は見えない。自分の言葉に対する疑念も違和感も生まれない。そうした疑念や違和感は、倫理感覚に由来するものであり、情報に由来するものではない。本書でめざしてきたことは、教育にかかわる主要な概念のいくつかを、その近現代的通念から異化する試みである。

何のために異化するのか、といえば、生きることを活動的・生動的にするためである。見通しも可能性もエヴィデンスもないままに、自分が感じること、すなわちこの「私」に呼びかける声に真摯に応えるために。人の在りようは「人がだれであるかに根拠づけられている」(GA 38, LFWS: 167)。

この「感じる」ことを妨げるのは、あの「自己」である。アメリカのSF小説において、かつて人工知能が人間を超えた知能をもち暴走するというテーマが、繰りかえし登場していた。しかし、私にとって、「アンドロイドは電気羊の夢を見るか」といった問い、つまり「人間と人工知能の違いは何か」といった問いなど、どうでもよかった。私は、SFが大好きだったが、そうした問いの前提に人間中心主義を見いだし、うんざりしていた。

私が惹かれたSFは、愛憎・悲喜のような感情を越えた、愁いすら許さない圧倒的な無情、寂寞、荒寥を黙示するSFだった。私は、「人間」や「自己」が仮象・塵芥にすぎないという宇宙論的事実を感受することに魅入られていた。それは「純粋感受性」とでもいえるだろうか。いつの日か、AIが冷厳な事実を感受する力をもつようになるなら、私は、「人間」や「自己」に執着しつづける人ではなく、そのAIと〈ともに独り在る〉だろう。

私が「おのずから然る」人の自然に見いだすものは、このもっとも冷厳な事実をただ感受する力である。それを拒んだり憎んだり悲しんだりする感情ではなく。「善・悪」「美・醜」「聖・俗」などと意味・価値づけられるまえの、圧倒的・驚異的な事実を、ただただ受け入れる力。この力こそが、見ることも聞くこともできない超越性を黙示するのではないか。

執筆の機会を与えてくれた、山田さんと天童さんに深く感謝いたします。東信堂の下田勝司さんには、若いころからお世話になりっぱなしです。今回も丁寧な編集作業をしていただきました。心から御礼申し上げます。

二〇一九年四月三〇日

田中　智志

著者

田中　智志（たなか さとし）　東京大学大学院教育学研究科教授

専攻：教育学（教育思想史・教育臨床学）

略歴：1958年、山口県生まれ。早稲田大学大学院文学研究科教育学専攻博士後期課程単位取得満期退学。博士（教育学）東京大学。

著書：『他者の喪失から感受へ―近代の教育装置を超えて』（勁草書房 2002）、『〈近代教育〉の社会理論』（森重雄と共編著、勁草書房 2003）、『教育学がわかる事典』（日本実業出版社 2003）、『教育人間論のルーマン―人間は教育できるのか』（山名淳と共編著、勁草書房 2004）、『教育の共生体へ―Body Educationalの思想圏』（編著、東信堂 2004）、『臨床哲学がわかる事典』（日本実業出版社 2005）、『人格形成概念の誕生―近代アメリカ教育概念史』（東信堂 2005）、『グローバルな学びへ―協同と刷新の教育』（編著、東信堂 2007）、『キーワード 現代の教育学』（今井康雄と共編著、東京大学出版会 2009）、『教育思想のフーコー―教育を支える関係性』（勁草書房 2009）、『社会性概念の構築―アメリカ進歩主義教育の概念史』（東信堂 2009）、『学びを支える活動へ―存在論の深みから』（編著 東信堂 2010）、『プロジェクト活動―知と生を結ぶ学び』（橋本美保と共著 東京大学出版会 2012）、『教育臨床学―〈生きる〉を学ぶ』（高陵社書店 2012）、『大正新教育の思想―躍動する生命へ』（橋本美保と共編著 東信堂 2015）、『共存在の教育学―愛を黙示するハイデガー』（東京大学出版会 2017）、『何が教育思想と呼ばれるのか―共存在と超越性』（一藝社 2017）、『教育哲学のデューイ―連環する二つの経験』（編著、東信堂 近刊）、『超越性の教育学―強度とメリオリズム』（東京大学出版会 近刊）など。

Vision of Educational Ideas: An Intellectual Inquiry of Education

越境ブックレットシリーズ 0

教育の理念を象る――教育の知識論序説

2019年6月25日　初　版第1刷発行　〔検印省略〕

＊定価は表紙に表示してあります

著者 © 田中智志　発行者 下田勝司　装幀 田宮俊和　印刷・製本　中央精版印刷

東京都文京区向丘 1-20-6　郵便振替 00110-6-37828

〒113-0023　TEL 03-3818-5521（代）　FAX 03-3818-5514

発　行　所　株式会社 東信堂

E-Mail tk203444@fsinet.or.jp　URL http://www.toshindo-pub.com/

Published by TOSHINDO PUBLISHING CO.,LTD.

1-20-6, Mukougaoka, Bunkyo-ku, Tokyo, 113-0023, Japan

ISBN978-4-7989-1567-8 C3037

東信堂

いま、教育と教育学を問い直す―教育哲学は何を究明し、何を展望するか	森田尚人・松浦良充 編著	三二〇〇円
教育的関係の解釈学	坂越正樹監修	三二〇〇円
教員養成を哲学する―教育哲学に何ができるか	林泰成・山名淳・下司晶・古屋恵太 編著	四二〇〇円
大学教育の臨床的研究―臨床的人間形成論第1部	田中毎実	二八〇〇円
臨床的人間形成論の構築―臨床的人間形成論第2部	田中毎実	二八〇〇円
人格形成概念の誕生―近代アメリカの教育概念史	田中智志	三六〇〇円
社会性概念の構築―アメリカ進歩主義教育の概念史	田中智志	三八〇〇円
空間と時間の教育史―アメリカの学校建築と授業時間割からみる	宮本健市郎	三九〇〇円
アメリカ進歩主義教授理論の形成過程―教育における個性尊重は何を意味してきたか	宮本健市郎	七〇〇〇円
ネオリベラル期教育の思想と構造―書き換えられた教育の原理	福田誠治	六二〇〇円
マナーと作法の社会学	加野芳正編著	二四〇〇円
マナーと作法の人間学	矢野智司編著	二〇〇〇円
学びを支える活動へ―存在論の深みから	田中智志編著	二〇〇〇円
グローバルな学びへ―協同と刷新の教育	田中智志編著	二〇〇〇円
子どもが生きられる空間―生・経験・意味生成	高橋勝	二四〇〇円
流動する生の自己生成―教育人間学の視界	高橋勝	二四〇〇円
子ども・若者の自己形成空間―教育人間学の視線から	高橋勝編著	二七〇〇円
文化変容のなかの子ども―経験・他者・関係性	高橋勝	二三〇〇円
アメリカ 間違いがまかり通っている時代―公立学校の企業型改革への批判と解決法	D・ラヴィッチ著 末藤美津子訳	三八〇〇円
教育による社会的正義の実現―アメリカの挑戦（1945-1980）	D・ラヴィッチ著 末藤美津子訳	五六〇〇円
学校改革抗争の100年―20世紀アメリカ教育史	D・ラヴィッチ著 末藤・宮本・佐藤訳	六四〇〇円
アメリカ公立学校の社会史―コモンスクールからNCLB法まで	W・J・リース著 小川佳万・浅沼茂監訳	四六〇〇円

越境ブックレットシリーズ

⓪教育の理念を象る―教育の知識論序説	田中智志	一二〇〇円
①知識論―情報クラウド時代の〝知る〟という営み	山田肖子	一〇〇〇円
②知識・女性・災害	天童睦子	続刊

〒113-0023　東京都文京区向丘 1-20-6　TEL 03-3818-5521　FAX03-3818-5514　振替 00110-6-37828
Email tk203444@fsinet.or.jp　URL:http://www.toshindo-pub.com/

※定価：表示価格（本体）＋税